Tegel

Meinhard Schröder

TEGEL

Zwischen Idylle und Metropole

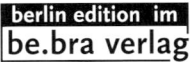

 Mehr Informationen im Internet

Bibliografische Information der Deutschen Nationalbibliothek
Die Deutsche Nationalbibliothek verzeichnet diese Publikation
in der Deutschen Nationalbibliografie; detaillierte bibliografische
Daten sind im Internet über http://dnb.d-nb.de abrufbar.

© berlin edition im be.bra verlag GmbH
Berlin-Brandenburg, 2015
KulturBrauerei Haus 2
Schönhauser Allee 37, 10435 Berlin
post@bebraverlag.de
Lektorat: Gabriele Dietz, Berlin
Umschlag: Ansichtssache, Berlin
Satz: typegerecht, Berlin
Schrift: Documenta 10/13 pt
Druck und Bindung: FINIDR, Český Těšín
ISBN 978-3-8148-0213-8

www.bebraverlag.de

INHALT

»SO SCHÖN KONNT'S NUR IN TEGEL SEIN«

… heißt es in einem Lied von Claire Waldoff. Und weiter: »In Tejel, in Tejel, da gibt es lockere Vöjel – Wer noch nie in Tejel hat jeküsst, der weiß nich, wie süß die Liebe ist.« Gegen Claire Waldoffs Liebeserklärung an Tegel kommt die der Gebrüder Blattschuss lapidar daher: »Ich kannte ein Mädchen aus Tegel, die hatte Ohren wie Segel.« Breiten wir den Mantel des Vergessens über diese schöne Tochter des Ortes.

Schon früh zog es die Berliner nach Tegel, um hier zu schwoofen, zu baden, sich im Grünen zu ergehen oder sich in den zahlreichen Biergärten einen Rausch anzutrinken. Die Gebildeten nahmen eher die Kutsche als den Kremser, es zog sie in Berlins erstes Antikenmuseum im Schloss Tegel.

Allen Verächtern Tegels, die sich heute hier »wie auf dem Land« fühlen, sei mit Theodor Fontane geantwortet: »Paris ist nicht gut ohne Versailles, London nicht gut ohne Windsor, Berlin nicht ohne Charlottenburg, ja für den Feinschmecker nicht ohne Tegel zu denken.«[1]

Auswärtige kennen Tegel durch den Flughafen TXL »Otto Lilienthal«, Staatsoberhäupter und Regierungschefs durch den Regierungsflughafen, ehemals Flughafen Tegel-Nord. Berühmt ist das Tegeler Schloss von Karl Friedrich Schinkel, auch Humboldt-Schloss genannt. Den Älteren wird der Name Borsig noch etwas sagen: einstmals der Welt zweitgrößter Lokomotivenlieferant. Berliner kennen die Justizvollzugsanstalt Tegel, den herrlichen See mit seinen vielen Inseln und die schöne Greenwichpromenade.

Tegel ist ein schräger Ortsteil, auch wenn es viele Besucher und sogar Alteingesessene kaum bemerken. Schräg? Ja, wörtlich. Die Nebenstraßen laufen keineswegs im rechten Winkel auf die Berliner Straße zu, sondern schräg. Wenn man durch die Berliner Straße nordwärts zum U-Bahnhof Alt-Tegel geht, dann sieht man spitzwinklige Hausecken auf der linken Seite vor sich und stumpfwinklige auf der rechten. Nur wenige Häuser halten sich strikt an den rechten Winkel, so das Feuerwehrmuseum an der Ecke Veitstraße – und fallen so aus der Straßenflucht heraus. Es ist interessant, was sich die Architekten haben einfallen lassen, um vom spitzen oder stumpfen Winkel abzulenken: am häufigsten die abgeflachte Ecke, aber auch rundgeführte Balkons oder Erker. Besonders einfallsreich ist es, am rechten Winkel zur Nebenstraße festzuhalten und das Gebäude auf der Berliner Straße kurz nach der Ecke abzuknicken, so bei den Gebäuden Berliner Straße 88 und 11. Nur die Architekten der Hallen am Borsigturm lassen den Anbau in krassen expressionistischen Spitzen zur Berliner Straße auslaufen.

Tegel ist heute der flächenmäßig größte Ortsteil des Bezirks Reinickendorf und nach Köpenick der zweitgrößte Berlins; hier wohnen rund 35.000 Menschen (im Ortsteil Reinickendorf, der dem Bezirk seinen Namen gab, rund 78.000). Aufgrund seiner großen Wald- (Tegeler Forst), Wasser- (Tegeler und Flughafen-See) und Flughafenflächen hat Tegel eine für Berlin ungewöhnlich niedrige Bevölkerungsdichte von rund 1.000 Einwohnern pro Quadratkilometer.

Wer sich in Tegels Geschichte vertiefen möchte, hat es leicht. Neu-Tegel wurde erst vor dem Ersten Weltkrieg als Wohngebiet geplant, Tegel-Süd noch später. Immer stand das alte Dorf im Mittelpunkt der Entwicklung – jedenfalls bis sich mit dem Borsigwerk Großindustrie am Ortsrand ansiedelte.

Aber noch ein Gebiet trägt »Tegel« in seinem Namen: Gut Tegel samt Schloss. Das Tegeler Fließ bildete die Grenze zwischen dem Gutsbezirk und dem ehemaligen Dorf. Und man war sich traditionell nicht besonders grün, denn die Dörfler gehörten nicht dem Gut, mussten dem Gutsherrn oder der Gutsherrin also auch keine Dienste leisten. Heute will man im Schloss seine Ruhe vor befürchteten Besucherscharen.

Tegels Geschichte ist bis 1918 außergewöhnlich gut erforscht, August Wietholz' Buch »Geschichte des Dorfes und Schlosses Tegel« von 1922 bildet eine unverzichtbare Quelle.[2] Je mehr sich Wietholz aber mit Fragen der Monarchie befasste, gar mit dem Kriegsende und der Revolution von 1918, desto mehr präsentierte er sich als überzeugter Deutschnationaler. Tegel hat ihm, dem Chronisten, nicht dem Nationalisten, gleich hinter der Dorfkirche ein Findlings-Denkmal gewidmet.

Und doch gibt es blinde Flecken in der Geschichte: Lebten 1933–45 keine jüdischen MitbürgerInnen in Tegel? Auch über die Arbeiterbewegung finden sich nur sporadische Angaben – und das am Standort des Borsigwerks! Und das Archiv der Kirchengemeinde Alt-Tegel wurde vermutlich nicht ohne Grund vom Jahrgang 1933 gesäubert.

Bei einem Kiez-Ranking des Stadt-Magazins *Zitty* (Heft 22/2014) schnitt Tegel mit Platz 56 von 96 Plätzen nur mittelmäßig ab. Ich persönlich finde das mehr als ungerecht. Der Autor dieses Rankings ist bestimmt nicht am Wochenende durch die Fußgängerzone hinunter zur Greenwichpromenade am Tegeler See gezogen! Sonst hätte er Tegel in der Rubrik Kiezleben mit Sicherheit um eine Note besser bewertet – wir wären damit auf Platz 25 gelandet. Und vielleicht vergaß die *Zitty* auch, dass sie die Tegeler Markthalle erst 2012/13 unter »Shopping – Beste Adressen« ausgezeichnet hatte. Mit Staunen nimmt man zur Kenntnis, welche Kieze sich knapp vor Tegel platzieren konnten: Rudow, Johannisthal, Karow, Blankenfelde, Schmöckwitz! Und Reinickendorf auf Platz 54, zwei Plätze vor Tegel? Ich kann als bekennender Tegeler an das Kiez-Ranking der *Zitty* beim Rank-Ranking nur ein Ungenügend vergeben.

Aber stürzen wir uns erst einmal hinein in die Geschichte des Ortes; fangen wir von vorne an – mit den Bauern, die über Jahrhunderte Tegel geprägt haben.

DORF UND SCHLOSS

Die ersten Siedler: Slawen oder Germanen?

Woher kamen sie – die Bauern? Normalerweise wird in Ostelbien darüber gestritten, wer zuerst da war: die Slawen oder die Germanen. Keine Frage, vor den Slawen gab es hier schon Semnonen, ein Unterstamm der elbgermanischen Sueben, und auf sie folgte ein anderer germanischer Stamm: Teilverbände der Burgunden. Als diese später im dritten Jahrhundert nach Christus Ostelbien verließen und die Wanderung nach Süden antraten, taten sie es freiwillig – jedenfalls wurden sie nicht von den Slawen vertrieben, die sich erst zweihundert oder dreihundert Jahre nach dem Weggang der früheren Siedler hier niederließen. Vielleicht vertrieb ein Klimawandel die Burgunden, oder sie sehnten sich einfach nach einem milderen Klima; sie ließen sich schließlich im nach ihnen benannten Burgund nieder.

Viele Jahre diente die Auseinandersetzung um die früheste historische Besiedlung des Raumes zwischen Elbe/Saale und Oder dem Unterfüttern des Germanen-Mythos. Es gab aber schon vor den Germanen Stämme oder Sippen oder auch nur Familien, die hier zumindest zeitweise siedelten. Kaum ging die Eiszeit zu Ende, ließen sich im 9. Jahrtausend vor Christus gelegentlich Rentierjäger am Tegeler Fließ nieder – in Zelten und in Erwartung der Rentiere, die auf Höhe des heutigen Tituswegs das Fließ überquerten. Im Museum Reinickendorf steht ein nachgebautes Zelt, auch die eine ganze Wand bedeckende Nachbildung einer Vorratsgrube der Rentierjäger kann man dort bewundern: Kühlschränke am Ende der Eiszeit, als der Boden noch gefroren war.

Und woher kamen die ersten Bauern? Nach gegenwärtigem Kenntnisstand wanderte erst in der zweiten Hälfte des 4. Jahrtausends vor Christus eine Bevölkerungsgruppe der Trichterbecher-Kultur (Jungsteinzeit) aus Sachsen und aus der Lausitz ein, während die ersten Bauern Mitteleuropas, die Bandkeramiker, es wohl noch nicht bis hierher schafften.

Sogar ein Urnengräberfeld aus der späten Bronzezeit (bis rund 800 vor Christus) fand man auf dem Gebiet des heutigen Tegel.

Die Entstehungsgeschichte des Dorfes Tegel ist nicht geklärt. Die größte Unklarheit liegt darin, ob das Dorf bereits von Slawen bewohnt war oder erst um 1235 von westlichen Siedlern angelegt wurde – von Flamen, Sachsen, Franken.

Tegel lag auch nach dem Wendenkreuzzug von 1147 im slawischen Siedlungsgebiet, wenn auch am Rande: Die Havel-Nuthe-Linie gilt als Westgrenze slawischer Besiedlung zu jener Zeit. Allerdings gehörte das Gebiet seit 1134 nominell zur Nordmark, mit der König Lothar Albrecht den Bären belehnt hatte. Im Vertrag von Kremmen im Jahr 1236 erkannte der Pommernherzog Wartislaw III. die Oberhoheit der brandenburgischen Markgrafen über den Barnim an, also über die Höhenfläche nördlich des Spreetals, des Berliner Urstromtals – dem Gegenstück zum Teltow, dem südlichen Höhenzug. In der Zwischenzeit scheint es auch unter den christlichen Pommernherzögen zu slawischen Dorfbildungen gekommen sein. Typisch für die letzte Zeit der Pommernherzöge waren Rundlingsdörfer, die sich möglicherweise aus früheren halbrunden Siedlungsformen entwickelt hatten.

Rundlinge stellten eine gut organisierte Siedlungsform dar: Alle Häuser und Höfe waren um einen Platz in der Mitte gruppiert, die Felder hinter den Häusern strahlenförmig angelegt. Besonders im Wendland, einem klassischen slawischen, von Wenden erschlossenen Siedlungsgebiet, sind Rundlingsdörfer gut erhalten.

Wenn das Dorf Tegel auf einen Rundling zurückgehen sollte, dann ist es stark überformt worden: Die Neusiedler errichteten die Kirche in der Mitte. Den westlichen Abschluss des Dorfplatzes begradigten sie parallel zum Seeufer, vielleicht um den Lehnschulzenhof als Repräsentanz weltlicher Herrschaft aus dem Kreis der gleichberechtigten Dorfbewohner hervorzuheben. Die heutige Adresse des ehemaligen Lehnschulzenhofes ist Alt-Tegel 51. Auch die anderen Häuser wurden eher reihenmäßig angeordnet, nach dem Muster eines Anger- oder Straßendorfes. Der Dorfplatz sieht heute fast dreieckig aus, mit einem trichterförmigen Auslass zur Straße Alt-Tegel. Eine Rundlingsform ist kaum noch zu erkennen, aber man könnte sich die Entwicklung der jetzigen Dorfstruktur aus einem Rundling durchaus erklären. Eine ähnliche Lage und Gestalt weist der Spandauer Ortsteil Kladow auf: am Gewässer gelegen, sackgassenartig; Kladow trägt seine slawische Herkunft noch heute im Namen. Und Tegel? Man ist sich nicht sicher, ob das Wort aus dem Flämischen kommt oder eine slawische Wurzel hat und dann »Anhängsel« bedeuten würde – der Tegeler See als Anhängsel der Havel? Der Gewässername »Großer Malchsee« für die nordöstliche Ausbuchtung des Tegeler Sees leitet sich vom slawischen Wort Malchow (»Kleinchen«) her. »Malchsee« weist eindeutig auf slawisches Erbe hin, ebenso wie der Name Liepe, slawisch »die Schöne«, für eine Bucht, die von der Halbinsel Reiherwerder gerahmt wird.

Gern wohnten die Slawen am Wasser, sie lebten später immer auch vom Fischen. So waren beispielsweise die Fischer-Kieze von Spandau und Köpenick über Jahrhunderte wendische Rückzugsorte. Es ist also durchaus möglich, dass es an der Stelle des heutigen Dorfplatzes in Tegel einst eine slawische Siedlung gegeben hat, die ganz oder teilweise von ihren Bewohnern verlassen oder die mehr oder weniger friedlich von Neuankömmlingen übernommen wurde. Chronist Wietholz fasst diese Möglichkeit in die markigen Worte: »… der brandenburgische rote Aar schlug seine Fänge in den slawischen Rundling – und unter seinem Schutz spross aus dieser heidnischen Stätte ein christlich-deutsches Leben und Wesen.«[3]

Tegel wurde vermutlich im frühen 13. Jahrhundert von Neusiedlern übernommen oder angelegt, die unter Führung eines Lokators, eines Unternehmers in Sachen Koloniegründung, von Spandau herangerückt sein könnten. Oft übernahmen die Lokatoren dann das Amt des Lehnschulzen. Der Lehnschulze war das Bindeglied zum Vogt, dem Vertreter des Landesherrn; er musste die Abgaben liefern und hatte die niedere Gerichtsbarkeit inne, aus der er auch Einnahmen bezog.

Die Markgrafen als Grundherren teilten den Tegeler Neusiedlern insgesamt 32 Hufen landwirtschaftliche Nutzfläche zu; eine Hufe soll für das frühe Brandenburg ungefähr 17 Hektar entsprochen haben. (1 Hektar umfasst 10.000 Quadratmeter.) Tegel verfügte also über 544 Hektar Ackerland, das war nur gut die Hälfte des Durchschnitts im Barnim. Als Vertreter der weltlichen und der geistlichen Macht erhielten der Lehnschulzenhof und der Pfarrhof anfangs jeweils vier Hufen, die übrigen Höfe jeweils drei, das heißt, dass es außer den genannten beiden noch acht weitere Höfe gab.

Die Ausstattung des Pfarrhofes mit vier Hufen lässt sich mit einem beurkundeten Ereignis in Verbindung bringen: Bis 1237 weigerten sich die askanischen Markgrafen, der Kirche den üblichen Zehnt abzutreten mit der Begründung, sie hätten das Land mit dem Schwert erobert. Außerdem müssten sie es, so argumentierten die askanischen Mark-

Die ersten Siedler: Slawen oder Germanen?

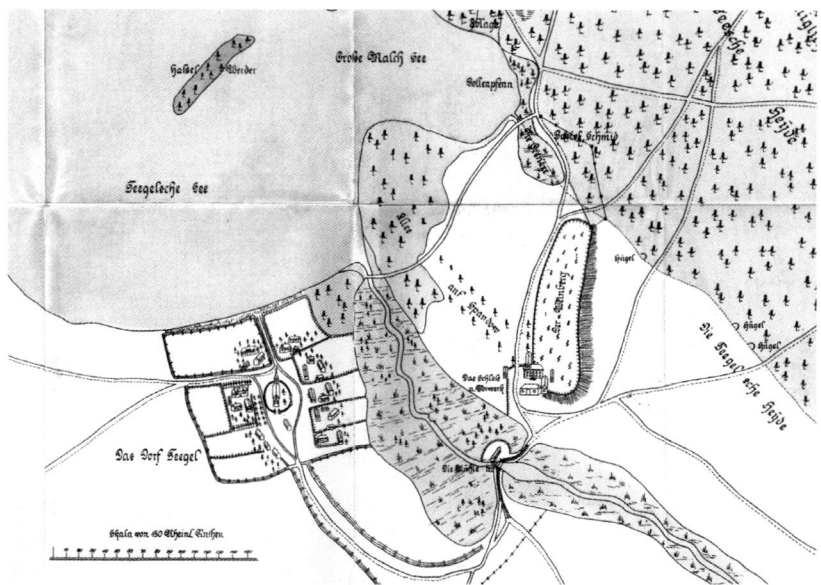

Dorf Tegel mit Fließ, Mühle und Schloss, 1753

grafen weiter gegen die Kirche, mit teuer zu bezahlenden Rittern gegen aufständische Heiden verteidigen. Dem widersprachen die Bischöfe der Stadt Brandenburg in einem Brief an den Papst: Die Heiden seien längst Christen und stellten keine Gefahr dar. Schließlich kam es 1237 zum Kirchenzehnt-Kompromiss: Die Markgrafen erkannten das Recht der Kirche auf den Zehnt prinzipiell an, aber sie durften ihn behalten, solange ihr Geschlecht bestand. Im Gegenzug mussten sie für den Unterhalt der Pfarrei sorgen. Und das taten die Markgrafen hier mit der Zuteilung von vier Hufen für die Pfarre von Tegel. Die Pfarre wurde ein landwirtschaftlicher Betrieb unter anderen, der Pfarrer wurde Bauer, was seiner Volksverbundenheit keinen Abbruch tat, eher seiner theologischen Arbeit. Es dauerte ein paar Jahrhunderte, bis man die theologische Ungebildetheit der Pfarrer beklagte.

Eine Zeichnung aus dem 18. Jahrhundert zeigt die überkommene Dorfstruktur Tegels. Laut Wietholz gibt die Karte die Lage und Beschaffenheit des Ortes gut wieder, allerdings sei sie bei der Anzahl der Bauernstellen unzuverlässig: Statt 1721 vorhandenen neun Höfen zeige sie nur sechs.

Im 13. und 14. Jahrhundert gehörte das Land den Markgrafen, und die Bauern mussten ihnen Bodenzins zahlen. Aber die Landesherren hatten die Kolonisten hergelockt, hatten ihnen Freiheiten versprochen, um ihnen die schwere Siedlungsarbeit zu erleichtern. Die Bauern waren mit ihrem Leib frei, keine Leibeigenen, verfügten über Besitz-, Verkaufs- und Erbrecht. Über die Abgaben für die Nutzung des Bodens hinaus mussten sie den Markgrafen Dienste leisten, dennoch standen sie den freien Bauern näher als den Leibeigenen. Bald stellte sich jedoch heraus, dass der sandige Boden nur wenig Ertrag lieferte. Deshalb hob der Brandenburger Bischof 1322 die eigenständige arme Tegeler Pfarre auf und machte sie zu einer Filiale, einem Ableger der Pfarrei der reicheren Dalldorfer (heute: Wittenauer). Diesem traurigen Anlass verdanken wir die erste Urkunde über die Existenz Tegels – und die 600-Jahr-Feier von 1922.

Die Markgrafen waren notorisch klamm, und so verpfändeten sie seit Beginn des 14. Jahrhunderts ganze Dörfer des Barnim. Wenn der Markgraf ein Dorf nicht auslöste, wurde der Pfandherr zum neuen Herrn. 1350 erwarb ein Bürger Cöllns namens Johannes Wolf das Dorf Tegel – mindestens einzelne Bürger Cöllns und seiner Schwesterstadt Berlin müssen als Kaufleute reich geworden sein. Vielleicht versprach Johannes Wolf sich zu viel von dieser Investition; schon elf Jahre später verkaufte er seinen Grundbesitz samt Mühle und oberster Gerichtsbarkeit für 60 Mark brandenburgisches Silber an das Benediktinerinnenkloster St. Marien in Spandau. Er stieß also die Neuerwerbung für wenig Geld wieder ab: Die Preise für landwirtschaftliche Produkte waren gefallen, so dass sich der Kauf des Dorfes Tegel als Fehlinvestition herausstellte. Tegel blieb nun fast 200 Jahre im Besitz der Nonnen.

Von 1388 bis zu seinem Tod 1411 herrschte Jobst von Mähren als Markgraf von Brandenburg. Er ließ sich hier nicht blicken, presste aber die Untertanen aus, so sehr es nur ging. Über ihn wurde gereimt:

> »Herr Jobst, Herr Jobst,
> gib unsern Kindern Obst,
> hast Brandenburg aufgefressen,
> nicht Stumpf noch Stiel vergessen,
> laß Äpfel und Birnen hangen,
> sonst müssen wir betteln gangen.«[4]

Die nachgestellte Schlacht an der Tegeler Mühle vom 3. September 1410, Museum Reinickendorf

Aufgrund der Schwäche der Zentralgewalt unter Markgraf Jobst konnten einige Adelsgeschlechter, besonders die Quitzows, Rochows und Putlitz', eine regelrechte Raubökonomie entfalten. Sie überfielen Reisende und Dörfer, raubten und brandschatzten. Es war allgemein bekannt, dass man einigermaßen sicher und ohne Angst vor Plünderung durch deutsche Länder reisen konnte, nur nicht durch die Mark Brandenburg. Besonders der Barnim muss teilweise regelrecht verwüstet gewesen sein.

Am 3. September 1410 wurden die Tegeler Zeuge der berühmten »Schlacht an der Tegeler Mühle«, in der die Berliner Bürger den Raubrittern Dietrich und Hans von Quitzow unterlagen. Die Ritter hatten die Schweine- und Kuhherden der Bürger aus den Wiesen nördlich der Spree westlich des heutigen Monbijouparks geraubt. Die Berliner Bürger waren besonders wütend, weil die Quitzows zuvor nicht – wie üblich – den Frieden aufgekündigt hatten. Sie setzten der gut gerüsteten Quitzow-Truppe mit Waffen nach, ihre Vorhut holte die Diebe an der Tegeler Mühle ein, wo die Räuber die Herden über das Fließ treiben mussten. Die berittene Berliner Vorhut wartete nicht auf ihre Fuß-kämpfer, sondern begab sich übereilt in den Kampf. Allerdings rech-nete sie nicht damit, dass Reiter in der Mühle lagerten, und tappte in eine Falle. Beim heutigen Restaurant »Alter Fritz« kam es zum Kampf, sechzehn Bürger wurden als Geiseln verschleppt, darunter der Rats-herr Niclas Wynns. Zwei Jahre lag er angekettet im Verlies. Aber Berlin und Cölln rüsteten gegen die Raubritter und verteidigten ihre Dörfer, so dass die Quitzows Frieden schließen und die Gefangenen freilassen mussten. Infolgedessen stieg das Ansehen der beiden Städte – so die städtische Perspektive. 1411 nahm der neue Landeshauptmann der Mark Brandenburg, Friedrich VI. von Hohenzollern, den Kampf gegen das Raubritterunwesen erfolgreich auf – ab 1415 als Markgraf. So stellten es die den Landesherren freundlich gesinnten Geschichtsschreiber dar. Langsam erholte sich das Land wieder.

Da das Dorf Tegel einem Kloster gehörte, blieb es meist von Über-griffen der Raubritter verschont, diese wagten sich in der Regel nicht an »geistliches« Eigentum. »Unterm Krummstab ist gut leben«, hieß es deshalb. Die Forderungen der Spandauer Nonnen an die Tegeler Bauern waren relativ milde: Nur im Erntevierteljahr von Johannis (24. Juni) bis Michaelis (29. September) mussten die Bauern drei Tage pro Woche für das Kloster Hand- und Spanndienste leisten, die Kossäten nur Hand-dienste. Kossäten oder Halbbauern verfügten über weniger Land als die Vollbauern.

1432 drohte ein Kriegszug: Die Hussiten zogen plündernd durch die Mark Brandenburg. Sie zerstörten hundert Dörfer und sechs Städte. Eine Landflucht setzte ein, selbst manche Vollbauern verarmten.

Die Lasten der Reformation

Die Tegeler Bauern erlebten die in der Mark Brandenburg 1539 einge-führte Reformation als eine ökonomische Katastrophe. Dabei vollzog sich ihr Abstieg innerhalb eines allgemeinen Niedergangs des Hüfner-tums bei gleichzeitigem Aufstieg der Rittergüter bereits seit Anfang des 15. Jahrhunderts.

»Höfe, die um die Mitte des sechzehnten Jahrhunderts durch Pes-ten und Kriege leer geworden waren, besetzte der Ortsherr unter viel schwereren Bedingungen und Diensten, als sie früher üblich waren, auf die auch schließlich die alteingesessenen Hüfner eingehen oder weichen mußten. Durch die Einführung des römischen Rechts wurde die Freizügigkeit beschränkt und der Hüfner zum unfreiwilligen Untertan. Seine Frondienste mehrten sich (…) Sie waren insofern an ihren Hof gebunden, als sie denselben nur gegen Stellung eines Ersatzmannes aufgeben konnten. Auch ihre unverheirateten Kinder waren der Herrschaft zu dreijährigem Dienst verpflichtet.«[5]

Ein Hüfner oder Kossät wurde nun – ohne Berücksichtigung seines Vermögens, nur aufgrund seiner Frondienste – als »armer Mann« bezeichnet. Er war noch nicht vollständig leibeigen, aber auch nicht mehr frei.

Seit der Säkularisation löste der brandenburgische Kurfürst Joachim II. 1558 die Klöster auf und eignete sich deren Besitz an. So geriet Tegel wieder in die Hände des Landesherren; dieser unterstellte Tegel dem Schoßamt Spandau, einem Amt für Abgaben – für rund 300 Jahre. Ungefähr zur gleichen Zeit gründete der Kurfürst das Gut Tegel mit einem Jagdschloss und ordnete ihm die Mühle am Fließ zu. Für das Gut war die Wassermühle die einzige Einnahmequelle, denn zu ihm gehörten keine Dörfer, und somit waren ihm auch keine Bauern dienstpflichtig. Umgekehrt hatte die Mühle zuvor eine große Bedeutung für das Dorf, immerhin lieferte sie – laut Landbuch Kaiser Karls IV. von 1375 – allein ein Drittel der Abgaben Tegels. Die Tegeler Mühle nahm im Hinblick auf ihre Jahresleistung den zweiten Platz im ganzen Barnim ein.

Die Beamten des Kurfürsten in Spandau setzten die Dienstpflichten für die Bauern drastisch herauf: Im Erntevierteljahr mussten die Tegeler Bauern und Kossäten nun in Spandau unbegrenzt fronen, wann immer sie gebraucht wurden, sogar der bisher dienstfreie Lehnschulze wurde herangezogen. Erst 1704 trat eine Begrenzung auf vier Tage pro Woche, für die Kossäten zwei Tage, in Kraft. Außerhalb der Erntezeit gehörten die Dienste dem Schloss. Die Bauern hatten Küchen- und Bauholz zum Jägerhof im Tiergarten zu fahren, ebenso wie das Heu aus den Wiesen in der Jungfernheide. In Tegel wurden 1704 die Dienste erheblich ausgeweitet: Nun mussten die Bauern u. a. auch die Jagdgerätschaften zur Jagd bringen und wieder abholen, die Frauen waren zu Spinndiensten verpflichtet. Den Flachs oder die Wolle zu spinnen füllte vor allem die Winterabende aus. Wenn ein Bauer seinen Dienst nicht leisten konnte, musste er ein Dienstgeld zahlen. Dieses hing in seiner Höhe von der

Die Wassermühle am Tegeler Fließ, um 1800

Leistungsfähigkeit eines Dorfes ab. In Tegel galt sie als »außerordentlich« gering, selbst der Landesherr erkannte die Armut des Dorfes an.

Schwere Lasten durch Dienste, Verwüstungen durch Soldaten in den Kriegen und die immer wieder grassierende Pest kennzeichneten das Leben in den folgenden fast dreihundert Jahren. Die Tegeler Bauern durchlebten wieder und wieder schlimme Leidenszeiten.

Plünderungen, Folter, Tod

Anfang des 17. Jahrhunderts verstärkten sich die Bemühungen der katholischen Kräfte, den Einfluss der Reformation zurückzudrängen. Der deutsche Kaiser wollte seine Macht auf Kosten der Fürsten und mit Hilfe der katholischen Kirche stärken. Nach der Wahl Ferdinands II. zum neuen Kaiser gelang es diesem, mit der Katholischen Liga, dem Jesuitenorden und dem Fürstentum Bayern auch militärisch in die Offensive zu gehen. Der Protestantismus in Deutschland geriet in Gefahr. Diese Aussicht und die neue starke Stellung des habsburgischen

Kaisers Ferdinand II. rief, unabhängig von der Staatskonfession, Frankreich und Schweden auf den Plan – die deutschen Länder wurden zum Schlachtfeld eines europäischen Krieges.

1618 noch dachte man in Brandenburg: Krieg irgendwo in Böhmen oder Süddeutschland – was haben wir damit zu schaffen? Aber 1620 zogen englische Truppen plündernd durch die Mark. Der brandenburgische Kurfürst Georg Wilhelm versuchte, sich aus der zunehmenden konfessionellen und politischen Polarisierung herauszuhalten. Er war zwar dem Kaiser verpflichtet, wollte sich aber nicht gegen den schwedischen König, seinen Schwager, stellen. Der Kaiser verfocht die katholische Sache, Kurfürst Georg Wilhelm hing dem calvinistischen Glauben an. 1624 kam der Kurfürst zu dem Schluss, dass in Zeiten wachsender Spannungen auch Brandenburg aufrüsten müsste.

Er verlangte erneut eine erstmals 1592 eingeführte Sondersteuer, den Giebelschoß, erhoben pro Haushalt. Üblicherweise leisteten die dörflichen Untertanen Abgaben und Dienste an ihren Grundherren. Um von der Bewilligung durch die Stände unabhängig zu werden, verschaffte sich der Kurfürst eigene Einnahmen über den Hufenschoß, einer nach der Landgröße bemessenen Grundsteuer. Und er langte zu: Nicht nur, dass sich der Hufenschoß gegenüber 1450 versechzehnfacht hatte, auch der Giebelschoß fiel drastisch aus: Dorf Tegel sollte insgesamt 363 Groschen aufbringen. Mit äußerster Anstrengung brachten es die Tegeler Bauern auf gerade einmal 219.

1626 dann erreichte der Krieg die Mark Brandenburg. Dänische Truppen marschierten ein und hielten auf Berlin zu. Der Kurfürst konnte sie nicht vertreiben, das aber gelang den kaiserlichen Truppen unter Wallenstein. Brandenburg hatte ihnen 1627/28 Winterquartier zu bieten, was den Einwohnern hohe Kosten auferlegte – der Krieg ernährt den Krieg, heißt es. Tatsächlich musste die Bevölkerung die Soldaten ernähren, ohne Hoffnung auf Entschädigung, denn die Soldaten konnten sich nehmen, was sie wollten. Besonders die ländliche und kleinstädtische Bevölkerung war ihren Plünderungen der Soldaten ausgesetzt und wurde roh und gewalttätig behandelt. Ein junges Mädchen aus dem Dorf Tegel, so ist überliefert, versteckte sich mit ihrem Bruder wochen-, manche behaupten: monatelang auf der winzigen Insel Lindwerder im Tegeler See. Dort waren sie schutzlos Wind und Wetter, Eis und Schnee ausgeliefert. Andere sollen sich mitsamt ihrem Vieh auf einer der Inseln verborgen haben.

1630 kam Brandenburg unter schwedische Besatzung. Manch einer mag aufgeatmet haben, die »katholischen Blutsauger« los zu sein. Aber wer fragte nach der Konfession, wenn ein Blutsauger den anderen ablöste? Der schwedische König Gustav Adolf verlangte monatlich 30.000 Taler Verpflegungskosten, der Kurfürst Holzlieferungen von den Tegeler und anderen Bauern, die er wie die Kossäten zu Schanzarbeiten heranzog, um die Befestigungen Berlins und Spandaus auszubessern. Zwar blieb Brandenburg ein paar Jahre von Kriegshandlungen verschont, aber die Lasten wurden immer drückender.

1635 bereitete der Kurfürst den Übertritt zur gegnerischen, der kaiserlichen Kriegspartei vor, nun verlangte er von seinen Untertanen 40.000 Taler monatlich für die eigenen Truppen. Doch hatte er die Kräfteverhältnisse falsch eingeschätzt. Die Schweden siegten 1636 bei Wittstock über die kurfürstlichen Truppen und errichteten unter ihrem als brutal verschrienen Feldmarschall Johan Banér ein barbarisches Regiment. Die eigentliche »Schwedenzeit« begann. Mit der grausamen Foltermethode des Schwedentrunks (dem »Befragten« wurde gewaltsam Jauche eingefüllt) versuchten die Soldaten, die letzten Verstecke von Vieh oder Getreide aufzuspüren.

1637 breitete sich eine große Hungersnot aus. Geschwächt und entkräftet, wurden die Menschen leichte Beute der Pest, die sich zu den Geißeln Plünderung und Hunger gesellte. Wer nicht starb, floh. Wie Heuschreckenschwärme fraßen die Heere ganze Landschaften kahl. Was die städtische oder ländliche Bevölkerung produzierte, wurde konfisziert, größtenteils für den Krieg verwendet und somit umgehend vernichtet. Irgendwann lohnte es sich nicht mehr, in verwüsteten Landstrichen Krieg zu führen.

1641 fielen die Schweden noch einmal – ein letztes Mal – in Brandenburg ein. Im Ergebnis waren so viele Dörfer verwüstet, dass der Stadt Berlin keine Einnahmen mehr zuflossen und sie ihre Beamten nicht mehr bezahlen konnte.

Wüste Höfe und Neusiedlung

Tegel trafen die Verheerungen besonders hart: In den Urkunden aus der Zeit nach dem Krieg finden wir keine Namen mehr aus der Vorkriegszeit. Dalldorf und Lübars lagen etwas abseits, sie hatten im Krieg weniger gelitten. Mehr als die Hälfte der Einwohner des Kreises Niederbarnim war tot oder geflohen, viele Äcker lagen wüst. Selbst dort, wo langsam Neusiedler aus anderen Gegenden der Mark Brandenburg die Höfe übernahmen, ging es nicht zügig aufwärts. In Tegel blieben auf lange Zeit drei Höfe und die beiden Kossätenstellen wüst. Die neu besetzten Bauernhöfe waren zwar nicht verwüstet, aber geplündert worden, das Ackerland verbuscht. Die Neubauern verfügten zunächst weder über Werkzeuge, noch über die Mittel, sich Vieh anzuschaffen. Das vor rund vierhundert Jahren begonnene Siedlungswerk musste nahezu von vorn begonnen werden.

Kurfürst Friedrich Wilhelm, »der Große Kurfürst« genannt, befahl die »Räumung« der Felder und ließ dies regelmäßig überwachen. Aber noch siebzehn Jahre nach Kriegsende berichteten seine Kontrolleure lapidar, dass die Tegeler Bauern »wieder was geräumt haben« und »so viel sie können auch weiter räumen wollen«.[6] Der Kurfürst musste die Rodung mit der Androhung von Strafen erzwingen.

Weitere fünfzig Jahre später konnten die Bauern noch immer nicht alle Äcker vollständig bestellen – oder wollten es nicht. Aus dem Kiefernwald, der auf einem Teil des Landes gewachsen war, gewannen sie Holz zum Verkauf bis nach Hamburg. Holzwirtschaft und Köhlerei scheinen das Überleben eher gesichert zu haben als die Landwirtschaft.

Wer 1648 beim Friedensschluss aufgeatmet hatte, wurde enttäuscht: Es gab keinen idyllischen Frieden. Der Kurfürst erhob 1649–57 eine außerordentliche Kriegssteuer als Giebelschoß, der höher ausfiel als zu Beginn des Krieges. Die Tegeler konnten sie nicht aufbringen; ihr Herrscher musste es hinnehmen, dass er aus dem Dorf nur ein Drittel des befohlenen Betrags erhielt. Neun Jahre ging es so, die Tegeler häuften gewaltige Schulden beim Kurfürsten an. Als dieser 1671 wieder eine Steuer für die Kriegskasse erhob, erließ er den Tegeler Bauern – wie auch anderen – von vornherein die Hälfte der Forderung wegen schlechten Bodens. Und die Plünderungen durch umherziehende Soldateska gingen mit dem Friedensschluss nicht zu Ende.

Eine amtliche Erfassung von 1721 vermittelt uns ein genaues Bild des Dorfs Tegel. Hier lebten sechs Bauern, zwei Kossäten und der Lehnschulze sowie Schneider, Schulmeister und Kuhhirt mit ihren Familien, insgesamt rund siebzig Menschen. Zu jedem Bauernhof (nicht Kossätenhof) gehörte eine »Hofwehr« von zwei Pferden, einer Kuh und einem Schwein, außerdem Ackergeräte (zum Beispiel Wagen und Pflug) und Saatgetreide. Sarkastisch vermerkten die erfassenden Amtsleute, dass der einzige Hund im Dorf lahmte. Zu den acht Wohnhäusern des Lehnschulzen, der sechs Bauern und der beiden Kossäten kamen noch ein Freihaus, in dem der Schneider lebte, und die Häuser des Schulmeisters, des Kuhhirten und eines – vermutlich ärmeren – Kossäten. Die Stellung der Bauern lässt sich auch an der Länge ihrer Häuser ablesen: Nur der Lehnschulze durfte ein Haus mit sieben Gebinden – Abschnitten des Dachstuhls – bauen, ein Bauer sechs, alle anderen besaßen fünf bis drei Gebinde, die heute noch an der Zahl der Fenster erkennbar sind. Häuser mit drei Gebinden zeigten die Dorfarmut an: So kurz waren nur das Freihaus und das des ärmsten Kossäten. Das neue Haus des Schulmeisters fiel mit vier Gebinden etwas größer aus. Warum aber weist das für den Kuhhirten neu erbaute Haus sieben Gebinde auf? Vermutlich musste man die Anstellung attraktiv gestalten, um einen Bewerber zu finden.[7]

Während des dritten schlesischen Krieges belagerten die verbündeten österreichischen und russischen Truppen 1760 Berlin. Angesichts der Übermacht ergab sich die Stadt, musste aber 1,5 Millionen Brandschatzungsgelder und 200.000 Taler direkt an die Truppen zahlen. Trotz dieser Zahlungen plünderten russische und österreichische Truppen drei Tage lang die Stadt und das Land im Umkreis mehrerer Meilen von Berlin, das »auf das erbärmlichste verheeret ist«. Über die Leiden der Landbevölkerung wird berichtet: »… der arme Landmann ist seines Kornes, Viehes und alles desjenigen, was er nur gehabt, gänzlich beraubt. Seine Betten, Geschirr, und alle gehabten Sachen sind ihm genommen oder verdorben; das Korn, so vom Feinde nicht verbraucht werden können, ist in den Koth zerstreut; alle Pferde, Kühe, Ochsen und Schafe sind weggeschleppt, wie man denn mehr wie 100.000 Stück durch Frankfurt treiben sehen (…) Überhaupt aber ist von den Feinden kein Ort berühret worden, wo sie nicht die Einwohner auf das jämmerlichste mit Schlägen, Wunden und allerhand Marter gemißhandelt, und wo nicht sonderlich an dem weiblichen Geschlecht ohne Unterschied des Alters und Standes, und im Angesicht derer Väter und Ehemänner, die greulichsten Schandtaten und Grausamkeiten verübet worden.«[8]

Für das Schloss stellte dessen Besitzer Major Struve beim König einen Antrag auf 800 Taler Entschädigung. Die Ermittlungen ließen

Schloss Tegel mit zwei Weinbergen – idealisierte Darstellung, Kupferstich von Peter Schenk, um 1700

keinen Zweifel daran, dass das oben Gesagte auch für das Gut Tegel galt. Erst recht aber werden die Tegeler Bauern wieder vor dem Nichts gestanden haben.

Reben und Maulbeerbäume

Der leidenschaftliche Jäger Kurfürst Joachim II. hielt sich gern in den Tegel-Heiligenseer Wäldern zur Jagd auf. Wahrscheinlich hat er um 1558 das Forstrevier Tegel aus dem Heiligenseer Forst ausgegliedert, das Jagdschloss Tegel erbauen lassen und das Jagdschloss mit der dem Dorf entzogenen Wassermühle zum Gut Tegel vereinigt. Die Kurfürsten und später die Könige verpachteten das Gut, wenn sie knapp bei Kasse waren. Beim Verkauf 1660 an Zacharias von Götze gehörten zum Gut 7 Kühe, 2 Stiere, 1 Zuchtrind und 2 Pferde. Der neue Besitzer legte auf dem Höhenzug im Norden des heutigen Schlossparks zwei Weinberge an und erweiterte den Wirtschaftsbetrieb um eine Meierei.

Auch ein Krug, der »Neue Krug« oder »Schlosskrug« – der heutige »Alte Fritz« – brachte Einnahmen für den Schlossbesitzer oder -pächter, immerhin berichtet Anton Friedrich Büsching 1780 von jährlich verkauften 50 Tonnen Bernauer Biers.[9]

Dem Gut Tegel haftete ein Geburtsfehler an: Es verfügte über keine Dienstbarkeiten, kein Bauer des Dorfes Tegel noch eines anderen Dorfes war zum Arbeiten auf dem Gut verpflichtet. So mussten die Gutsbesitzer Tagelöhner bezahlen. Reich werden konnten die Herren auf diese Weise nicht, schlimmer noch: Eine Marotte Friedrich Wilhelm I. und seines Sohnes Friedrich II. trieb sie an den Rand des Ruins oder sogar darüber hinaus: der Wille, die aus China importierte, sündhaft teure Seide selbst zu produzieren.

Friedrich II. erließ ein Edikt an alle Pfarrer, Küster und Lehrer, für das Futter der Seidenraupen zu sorgen, also für Blätter des Maulbeerbaums – nur der mit den weißen Früchten, nur dessen Blätter fressen die Raupen. Auch auf dem Tegeler Friedhof standen früher Maulbeerbäume – wie es der Herrscher befohlen hatte.

1752 nutzte der Pächter von Gut Tegel, Hofrat Christian Ludwig Möhring, die Seidenliebe seines Königs aus und schlug ihm vor, auf eigene Kosten eine Plantage von 100.000 Maulbeerbäumen anzulegen – wenn, ja wenn der König ihm Vorwerk und Schloss »erb- und eigenthümlich« verschreiben würde!

Friedrich II. ging auf das Angebot ein, fragte sich aber bald, ob es auf Gut Tegel überhaupt genug Land für 100.000 Bäume gäbe. Nach einer Untersuchung setzte er 1755 die Zahl der Bäume auf 6.000 herunter. Allerdings, so machte er zur Bedingung, müsste diese Zahl innerhalb von drei Jahren erreicht werden; für jeden fehlenden Baum oder für jeden durch Verschulden des Erbpächters eingegangenen hätte dieser 4 Taler an den König zu zahlen. Das Schloss erhielt die Inseln Reiherwerder, Hasselwerder, Lindwerder, Baumwerder und Scharfenberg (teils ganz, teils mit Einschränkung) und das Fischereirecht auf der Großen Malche als Entschädigung für den Verlust an Ackerland durch die Plantage. Kaum hatte Möhring den zweiten Vertrag unterschrieben, verkaufte er sein Erbgut für 3.600 Taler.

Noch scheint sich das Gut als Spekulationsobjekt geeignet zu haben, denn 1760 erwarb Johann Friedrich Struve es für 5.300 Taler. Und obwohl bei der Plünderung des Schlosses durch russische Kosaken im gleichen Jahr auch 1.000 Maulbeerbäume zerstört wurden,

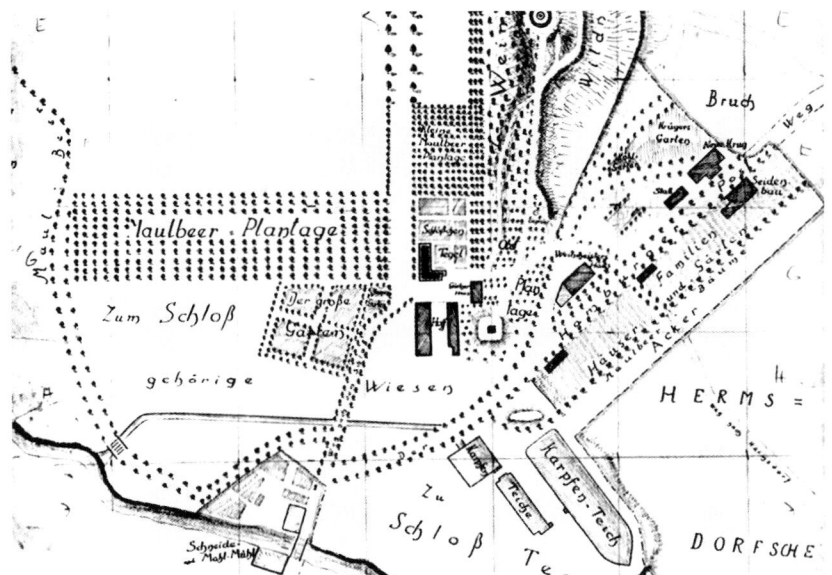

Schloss Tegel (1) mit Weinberg (2), Maulbeerplantagen (3) und Mühle (4), um 1756.
Auch entlang der Wege wuchsen Maulbeersträucher

zahlte der nächste Besitzer 6.000 Taler. Sei es aufgrund einer persönlichen Zwangslage oder aufgrund des üblen Zustandes der Maulbeerbaum-Plantage, musste er es wiederum zwei Jahre später für nur noch 4.000 Taler an seinen Bruder verkaufen. Immer noch fehlten 2.100 Bäume an der vertraglich vereinbarten Zahl.[10]

Alexander Georg von Humboldt gelangte 1766 durch Heirat mit der vermögenden Witwe Marie-Elisabeth von Holwede in den Besitz des Schlosses samt Plantage. Von Humboldt hatte als Major an allen drei schlesischen Kriegen teilgenommen, war Erzieher des Kronprinzen und Kammerherr unter Friedrich II. gewesen. 1769 schied er aus dem Hofdienst aus und konnte sich nun um sein Gut in Tegel kümmern. Er setzte 1.200 Taler ein, um die fehlenden Bäume kurzfristig anzupflanzen, aber viele waren in dem besonders harten Winter 1767 eingegangen. Hinzu kamen Verbiss von Wurzeln durch Mäuse, Wasserratten und Maulwürfe auf dem feuchten, seenahen Gelände und Vertrocknung auf dem sandigen Boden in der etwas höheren Lage. Trotz erheblicher Investitionen gelang es von Humboldt nur, 2.000 Bäume zu halten. Er legte sogar einen Saal zur Seidenraupenzucht an, im Obergeschoss des Kolonistenhauses (der heutigen Waldschänke in der Karolinenstraße 9) gegenüber dem »Neuen Krug«. Diese Zucht erforderte eine gute Ausbildung und große Umsicht im Umgang mit den Raupen sowie deren ständiges Wenden. Nach dem Tode ihres Mannes 1779 erreichte Marie Elisabeth von Humboldt 1787 beim neuen König Friedrich Wilhelm II. eine Reduktion der Anbaupflicht um 4.000 Maulbeerbäume und zwei Jahre später noch einmal um 1.000. Wilhelm von Humboldt, Sohn Alexander Georgs, zahlte 1803 schließlich 500 Taler, um sich von der lästigen Pflicht ganz zu befreien.

Über den Export Tegeler Seide ist nichts überliefert, auch in Berlin rühmte niemand das Produkt von Schloss Tegel als vortrefflich oder auch nur der chinesischen Konkurrenz ebenbürtig. Die Seidenproduktion in Preußen betrug auf ihrem Höhepunkt 1784 nur fünf Prozent der Importe. Bald überschwemmte billigere Import-Baumwolle den Markt und seit dem Beginn des 19. Jahrhunderts die billige englische Seide aus Indien. – In Steglitz hingegen gelang es um 1840 dem Seidenwirker Johann Adolph Heese, 35.000 Maulbeerbäume anzupflanzen und pro Jahr bis zu 750 Kilogramm Rohseide herzustellen.

Alexander Georg von Humboldt hatte trotz des Fiaskos mit der Maulbeerbaumplantage das Gut vorangebracht, obwohl er es nur zehn Jahre leitete: Er führte die Stallhaltung ein und baute zu diesem Zweck Klee an. Statt der bei der Pachtberechnung veranschlagten 16 hielt er 25 Kühe und konnte durch die in Berlin verkaufte Milch beträchtliche Einnahmen erzielen. Statt der bisher üblichen Zugochsen setzte er Pferde ein. Der wirtschaftliche Erfolg des Gutes schlug sich auch im Anstieg der Einwohnerzahl nieder: von 13 im Jahre 1734 über 68 im Jahr 1772 auf 95 im Jahr 1801, während die Zahl im Dorf nur von 107 auf 127 zunahm.

Im Park legte Alexander Georg von Humboldt »schöne Spacierörter nicht nur im engländischen Geschmack, sondern auch im Wilden, mehrenteils von amerikanischen Bäumen, an.«[11] Er stand bei der Planung im Austausch mit dem Schöpfer des Wörlitzer Parks, dem befreundeten Fürsten Leopold III. Friedrich Franz von Anhalt-Dessau. Auch der Tegeler Garten sollte sowohl der ästhetischen Bildung als auch dem praktischen Nutzen dienen; parkähnliche Flächen lösten sich bei einer solchen »ornamental farm« mit landwirtschaftlichen ab. Diesen Charakter hat sich der Schlosspark bis heute ein wenig bewahrt:

*Die »Dicke Marie«, der
älteste Baum Berlins*

Neben der Lindenallee grasen die Rinder. Bei den erwähnten amerikanischen Bäumen handelt es sich um die Weymouth-Kiefer, die Rot-
eiche, den Zucker-Ahorn und den Geweihbaum.

Auf dem Gut Beschäftigte äußerten sich voller Dankbarkeit über
das freundliche Wesen des Gutsherrn, der den Tagelöhnern »zu aller
Zeit Arbeit und Brodt verschafft habe«.[12] Da fällt auf, dass sein jüngs-
ter Sohn in seinen Erinnerungen andere Akzente setzte. Alexander
von Humboldt sprach einmal angeödet von »Schloss Langeweile« und
davon, »18 Jahre lang im väterlichen Haus gemisshandelt worden« zu
sein, womit er wohl die ständige Aufsicht durch die Erzieher meinte.[13]

Vater und (nach dessen Tod) Mutter Humboldt ließen beide Söhne
von Privatlehrern erziehen. Sorgfältig suchten die Eltern über den Hof-
meister Johann Christian Kuhnt die besten Lehrer und Wissenschaftler
aus – darunter fulminante Vertreter der Aufklärung wie Moses Men-
delssohn, Christian Konrad Wilhelm von Dohm, Ernst Ludwig Heim
und Marcus Herz. Alexander scheint sich seine Langeweile mit Ausflügen in die Umgebung vertrieben zu haben, er sammelte Insekten,
Steine und Pflanzen und bestimmte sie. Hier in Tegel entwickelte sich
seine Liebe zur Botanik. Später würde er auf seine Beiträge zur Pflan-

zengeografie besonders stolz sein und sein nach der Weltreise entstandenes Werk *Ideen zu einer Geographie der Pflanzen* von 1807 für seinen wichtigsten Beitrag zur Wissenschaft halten.

Wilhelm und Alexander von Humboldt bestaunten auf ihren Ausflügen in der Umgebung des Schlosses einen uralten Baum. Weil er so dick war wie ihre Köchin, nannten sie ihn »Dicke Marie«. Heute gilt die »Dicke Marie« mit rund 900 Jahren (oder sind es nur 800?) als ältester Baum Berlins.

Die Humboldt-Eltern pflegten ein gastfreundliches Haus, unter den ständigen Gästen fanden sich auch der Forstrat Friedrich August Ludwig von Burgsdorff (1747–1802) und der Arzt Ernst Ludwig Heim (1747–1834). Von Burgsdorff lebte von 1777 bis 1789 in Tegel, Heim von 1775 bis 1783 in Spandau. Heim musste als Landsyndikus die Kranken des gesamten Landkreises behandeln – oft nach Dalldorf und Tegel reiten, aber auch bis nach Oranienburg, und das bei Wind und Wetter, im Sommer wie im Winter. Im Juli 1780 notierte Heim, dass er 56 Meilen geritten und dabei fünfundzwanzigmal vom Pferd gefallen war.[14] Heim stand Königin Luise in ihren letzten Stunden bei und hielt in Berlin kostenlose Sprechstunden für die Armen ab.

Lesen, Schreiben, Katechismus

Erst nach 1717 scheint auch in Tegel ein Schulhaus gebaut worden zu sein. In jenem Jahr nämlich hatte König Friedrich Wilhelm I., der Soldatenkönig, eine Verordnung über die Schulpflicht erlassen. Er reagierte damit auf Berichte, dass arme Eltern, besonders auf dem Lande, ihre Kinder nicht zum Unterricht schickten und es diesen Kindern deshalb oft an Kenntnissen in Schreiben, Lesen und in den Grundlagen des christlichen Glaubens fehlte. Der König traf drei Maßregeln hinsichtlich der Schulpflicht: Erstens kostete der Unterrichtsbesuch zwei Dreier pro Woche. Damit erhielt der Schulmeister ein gewisses Einkommen, das er allerdings selbst bei den Eltern einzutreiben hatte. Zweitens mussten Eltern, die den Schulbesuch ihrer Kinder verweigerten, eine Strafe zahlen. Und drittens bestimmte der König, dass für das Schulgeld unvermögender Eltern die Gemeinde aus den »Allmosen« aufkommen sollte. In Tegel hatte der Küster die Kinder in Lesen, Schreiben, Rechnen, im Frankfurter Katechismus und »anderen nöti-

Dorf Tegel von Osten, um 1790

gen Wissenschaften« zu unterrichten; der Küster und Schulmeister wurde von der Gemeinde gewählt und hier vom Amt Spandau berufen.

Des Königs »General-Edict« traf auf erhebliche Widerstände: natürlich von den Gutsbesitzern, denen er ohnehin nichts befehlen konnte, und von Seiten der Eltern, die die Kinder als Arbeitskräfte einsetzten. Aus diesem Grund hatte der König die Schulpflicht im Sommer eingeschränkt, aber auch in der Erntezeit sollten die Kinder wenigstens ein bis zwei Mal pro Woche lernen. Doch selbst seine eigenen Kassenwarte sträubten sich gegen das Edikt, denn der König wollte das Holz für Schulbauten kostenlos zur Verfügung stellen. Er zeigte sich gegen alle Widerstände hartnäckig und setzte tatsächlich eine gewisse Verallgemeinerung einer bescheidenen Schulbildung auch auf dem Lande durch. Bei Erlass des Edikts gab es 320 Dorfschulen; als der König 1740 starb, waren es 1.480! Friedrich II. bekräftigte diese Bestrebungen seines Vaters mit dem Landschulreglement von 1763.

1786 wandte sich der Tegeler Schulmeister Kahrs gegen die von der Gemeinde Tegel zu verantwortende Raumnot beim Unterricht. Kahrs musste als Küster auch die Glocken läuten und während des Gottesdienstes singen. Von den Einkünften als Lehrer und Küster konnte er nicht leben, er übte zusätzlich seinen Schneiderberuf aus. Mit Frau und fünf Kindern wohnte er im Schulhaus. Den Unterricht erteilte er in seinem Wohnzimmer, das gleichzeitig als Schneiderwerkstatt diente. Die meisten der dreißig Schulkinder mussten während des Unterrichts stehen! Bänke musste Kahrs auf eigene Kosten anschaffen. Auch eine Tafel hatten ihm die Bauern nicht gestellt. 1786 war Kahrs Frau wieder schwanger; der Raum im Küsterhaus wurde knapp. Angesichts dieser Zwangslage riss dem Schulmeister der Geduldsfaden – er drohte mit Streik. Ein Schulstreik im Sommer würde nicht auffallen, dann fand ohnehin keine Schule statt, weil die Kinder bei der Ernte helfen mussten. Aber im Winter? Das würde Ärger geben.

Das Amt lud im August 1786 Schulmeister Kahrs, Lehnschulze Kuhlicke und die Schöffen Friedrich und Michel Müller auf das Amt Spandau vor. Die Gemeinde räumte den Missstand mit der Schulwohnung ein und beteuerte, einen Anbau zu planen. Allerdings gäbe es da ein Problem: Sie hätten die Schlossherrin Frau von Humboldt gebeten, sich mit einem Viertel an den Umbau- und in Zukunft an den laufenden Kosten der Schule zu beteiligen. Früher wären nur ein oder zwei Kinder aus dem Schlossbezirk zur Schule gekommen, aber wegen der neuen Kolonisten wäre es nun ein Drittel, demnächst würde der Anteil sogar auf die Hälfte ansteigen. Frau von Humboldt wollte aber nur ein Achtel zahlen, und das auch nur einmalig, zu laufendem Unterhalt fühlte sie sich nicht verpflichtet.[15]

Zwanzig Jahre später – 1806 – fiel das Schulhaus den Flammen zum Opfer, marodierende französische Truppen brannten einen Teil des Dorfes nieder. Das neue Gebäude stand bereits 1820 wieder in Brand. Dieses Mal trug die Gemeinde selbst die Kosten des Neubaus.

Am 6. Oktober 1817 verhandelte der Spandauer Amtmann von Baerensprung im Dorfkrug Tegel eine Klage des Lehrers gegen die Gemeinde: Der Lehrer fror im Winter bitterlich und forderte vier Klafter Brennholz. Die Bauern behaupteten, sie hätten nie Holz gestellt, nur großzügig das vom Lehrer beschaffte Holz angefahren. Die Gemeindevertreter, drei Bauern und fünf Kossäten, wurden vom Sohn des verstorbenen Dorfschulzen Kuhlicke angeführt. Der Amtmann belehrte die Bauern, dass sie zum Unterhalt des Lehrers verpflichtet wären, also vier Klafter Holz stellen müssten. Die Gemeinde lenkte schließlich ein, gestand jedoch unter Verweis auf ihre Armut nur zwei Klafter zu. Wenn der Amtmann meinte, dem Lehrer stünden vier Klafter zu, dann sollte die königliche Regierung die anderen zwei Klafter stellen; die Bauern würden das Holz auch anfahren.[16]

Eine endgültige Trennung der (dann zweiten) Lehrerstelle vom Küsteramt fand erst 1909 statt.

Goethe, Spuk und Dorfidylle

Bereits 1798 hatte der Pastor Friedrich Wilhelm August Schmidt (1764–1838) auch Tegel in seiner Heimatlyrik gefeiert. Schmidt sehnte sich nicht nach dem Arkadien der Dichter, er rühmte nicht die erhabene Natur der Alpenberge und -seen, sondern pries die Schönheit des Landlebens, die Idylle der heimischen Dörfer. In den Berliner Salons war Schmidt umstritten: Die einen zitierten seine Gedichte, um ihre schwärmerischen Gefühle auszudrücken, die Mehrheit allerdings kritisierte ihn als stümperhaften Beschreiber des Banalen, Alltäglichen, eben Unpoetischen. Doch Pastor Schmidt fand eine umfangreiche Leserschaft. In der in seinen Werken beschworenen Sehnsucht nach dem romantisierten Dorfleben drückte sich auch die Unsicherheit bürgerlicher Kreise in Deutschland gegenüber den mit der großen französischen Revolution von 1789–1793 verbundenen Umwälzungen aus.

Neun Strophen seines Gedichts widmete Schmidt dem »Friedhof zu Tegel«:

»Dieses Dorfes graue Giebelhütten,
Von Holundersträuchen wild umwachsen,
Seiner Bauersleute biedre Sitten,
Seiner Hähne Kräh'n, der Hühner Gaxen,
Haben oft mich, kam der Storch geflogen,
Aus der Stadt Getümmel hergezogen.

… Sei gegrüßt, verfall'ne Kirchhofsmauer,
Übergrünt von hohen Maulbeerbäumen!
Läßt sich nirgends, als in deinem Schauer,
Doch so süß vom bessern Leben träumen.
Ha! des alten Thorwegs schiefe Pfosten,
Wie sie sinken! Häsp' und Klinke rosten.[17]

Kein Geringerer als Goethe sah sich zu einer Satire auf Schmidts Stadtflucht und Dorfidylle veranlasst, mit seinem Titel *Musen und Grazien in der Mark* spielte er auf Schmidts *Calender der Musen und Grazien für das Jahr 1796* an:

»O wie ist die Stadt so wenig!
Laßt die Maurer künftig ruhn!
Unsre Bürger, unser König
Könnten wohl was Bessres tun.

Ball und Oper wird uns töten;
Liebchen, komm auf meine Flur!
Denn besonders die Poeten
Die verderben die Natur.

O wie freut es mich, mein Liebchen,
Daß du so natürlich bist;
Unsre Mädchen, unsre Bübchen
Spielen künftig auf dem Mist! …

… Zu dem Dörfchen laß uns schleichen
Mit dem spitzen Turme hier;
Welch ein Wirtshaus sondergleichen!
Trocknes Brot und saures Bier!«[18]

Entgegen anderslautenden Gerüchten hat Goethe vermutlich nie im Tegeler Dorfkrug gespeist und getrunken. Vielleicht erinnerte er sich an seinen Besuch in Tegel am 20. Mai 1778, als er mit seinem Dienstherrn Herzog Karl August von Sachsen-Weimar-Eisenach in den »Neuen Krug«, der zum Schlossbezirk gehörte, einkehrte – rund zwanzig Jahre vor der lyrischen Attacke auf Pastor Schmidt. Allerdings bekamen sicher weder Goethe noch der Herzog im »Neuen Krug« trocknes Brot und saures Bier serviert. Goethe spielte auf das schwere Leben der Landbevölkerung an, wo der leichte Sand so dürftige Erträge lieferte, dass man selbst im Dorfkrug nur mit trockenem Brot und saurem Bier bedient wurde. Der Spott verfehlte seine Wirkung nicht, Schmidts Ruf litt sehr. Umso mehr verwundert es, welch respektvolles Zeugnis Goethe später (in seinem Nachlass gefunden) dem Dichter der Dorfidylle ausstellte: »Schmidt von Werneuchen ist der wahre Charakter der Natürlichkeit. Jedermann hat sich über ihn lustig gemacht, und das mit Recht; und doch hätte man sich über ihn nicht lustig machen können, wenn er nicht als Poet wirkliches Verdienst hätte, das wir an ihm zu ehren haben.«[19]

Schmidts Heimatlyrik befeuerte eine Modeerscheinung: Zurück zur Natur! Noch als Kronprinz erwarb der spätere preußische König Friedrich Wilhelm 1797 das Gut Paretz, um vom Architekten David Gilly für sich und seine Frau Luise ein ländliches Refugium schaffen zu lassen, in dem sich beide vor dem Hofzeremoniell zurückziehen konnten. Luise war bei ihrer Großmutter in Darmstadt aufgewachsen und dort nach den Ideen Rousseaus recht frei erzogen worden. Das in Paretz erbaute Schloss ähnelte eher einem Gutshaus und wurde »Schloss still im Land« genannt.

Selbst das ärmliche Dorf Tegel profitierte auf Dauer von dieser Zeitströmung und von Schmidts Gedicht. Je mehr die Residenzstadt Berlin wuchs, desto mehr wuchs unter der dortigen Bevölkerung die Sehnsucht nach der Natur und nach dem einfachen dörflichen Leben. Und Tegel hatte einiges an Naturschönheiten zu bieten, um diese Sehnsucht zu stillen – nicht zuletzt seine Sonnenuntergänge über dem See.

Zur gleichen Zeit, als F.W.A. Schmidt sein Tegel-Gedicht schrieb, erregte der Spuk von Tegel die Gemüter. Noch heute wird gern Goethes *Faust* zitiert: »Wir sind so klug, und dennoch spukt's in Tegel.«

Leider hat Goethe hier die Tatsachen verfälscht. Die kann man heute nachlesen – in einem Protokoll von 1797: »Über das nächtliche Gepolter in Tegel«.[20] Im *Faust* lässt Goethe einen Proktophantasmisten jenen Satz sprechen. Und wer ist ein Proktophantasmist?

Selbst in Berlin sprach man vom Poltergeist in Tegel: In der königlichen Oberförsterei gegenüber der Dorfkirche sollte es spuken. Aufklärer hielten das nicht für möglich, doch immer noch glaubten viele Menschen an Gespenster. Der königliche Oberforstmeister Friedrich August Ludwig von Burgsdorff, Vorgesetzter des im Spukhaus wohnenden Oberförsters Schulz, bat die Gesellschaft der naturforschenden Freunde zu Berlin, deren Mitglied er selbst war, den Spuk aufzuklären. Die machten sich unverzüglich ans Werk. Ein erster Versuch misslang, aber die Naturforscher hatten von vornherein einen zweiten eingeplant. Jetzt kam ihnen ein Zufall zu Hilfe: Das vermeintliche Gespenst musste eiligst aus dem Korridor fliehen und hinterließ dabei ein verräterisches, mit Gartenschnur umwickeltes Kreuzholz. Die Forschenden experimentierten mit dem Kreuzholz und siehe da, sie konnten die gehörten Geräusche nachahmen: Schläge auf den Boden, Kratzen auf der mit Eisen beschlagenen Truhe und Schaben mit einem angefeuchteten Daumennagel an der Tür. Aus dem Verhalten des Gespenstes schlossen die Untersucher, dass es mit den Örtlichkeiten des Forsthauses genauestens vertraut sein musste. Und das Winseln des ausgesperrten Haushundes legte nahe, dass diesem sich keineswegs die Nackenhaare aufstellten, sondern er sich dem vorgeblichen Spuk verbunden fühlte. Die Kommission sah ihre Aufgabe als erledigt an und veröffentlichte in den *Berlinischen Blättern* ein Protokoll, unterschrieben von Justizamtmann Cöler, Prediger Herbst, Oberbergrat Karsten, Professor Klap-

Die Tegeler Dorfkirche,
um 1834

roth, Geheimer Postsekretär Otto und Oberkonsistorialrat Zöllner. Die Genannten überließen es dem Oberförster Schulz, unter seinen Hausgenossen nach dem »Gespenst« zu suchen. Es wurde auch bald in Gestalt eines Jägerburschen gefunden – er hatte mit der Spukerei die abergläubische Mutter seiner Geliebten zur Hochzeitserlaubnis bewegen wollen. Statt der Hochzeit soll es eine Entlassung gegeben haben.

Die Aufklärung hatte einen weiteren Sieg über den Aberglauben davongetragen, und das in schwieriger Zeit. Denn nach dem Tod Friedrichs II. hatte sich unter seinem Nachfolger Friedrich Wilhelm II. der Zeitgeist gegen die Aufklärer gedreht. Der neue König neigte schon als Kronprinz der Loge der Rosenkreuzer zu, Logenbrüder zelebrierten spiritistische Sitzungen für ihn. Wenn nun die Gesellschaft der naturforschenden Freunde einen Spuk in Tegel aufklärte, konnte man darin auch eine antimonarchistische Spitze sehen.

Aber neben dem spiritistischen Zeitgeist gab es andere Feinde der Aufklärer: die jungen Romantiker und Künstler, die Genies und Literaten, die mit Satire und Spott das Haupt der Berliner Aufklärung, den einflussreichen, in punkto Publikationen mächtigen Berliner Verleger Friedrich Nicolai angriffen. Nicolai hatte sich mit seinem Periodikum

Allgemeine Deutsche Bibliothek die Aufgabe gestellt, die im deutschen Sprachraum erscheinenden Bücher zu besprechen und zu kritisieren, ein Heer von bis zu vierhundert Rezensenten stand ihm zur Seite. Vom Literaturpapst Nicolai wurde schnell alles, was nicht in die Schublade »aufklärerisch« passte, niedergemacht.

Ein junger Literat namens Goethe feierte 1774 mit seiner Erzählung *Die Leiden des jungen Werthers* nach dem Erfolg seines Dramas *Götz von Berlichingen* einen fulminanten Durchbruch zum Star. Doch wurde sein Held auch zum tödlichen Vorbild; reihenweise nahmen sich liebeskranke junge Männer nach dem Vorbild des jungen Werthers das Leben.

Friedrich Nicolai sah sich herausgefordert, dem schädlichen Einfluss dieses Machwerks entgegenzutreten, das die Jugend verdarb. Die Aufklärer wollten schließlich die Menschen befähigen, ihr eigenes Leben zu gestalten, nicht es zu beenden. Innerhalb eines Jahres verfasste Nicolai einen dreibändigen Anti-Werther: *Die Freuden des jungen Werthers*.

Goethe war zutiefst verletzt und antwortete seinerseits mit einem unflätigen Spottgedicht. In *Dichtung und Wahrheit* hielt er es nicht mehr für zitierfähig.[21]

Zwanzig Jahre später hatte der Dichterfürst die Attacke Nicolais auf sein Erstlingswerk immer noch nicht verwunden: In den *Xenien* schoss er gemeinsam mit Freund Schiller auf den vorgeblich durch anderer Leute Literatur reich gewordenen »Fritze«. Mit Genuss griff Goethe einen von Nicolai veröffentlichten, 1799 vor der Akademie der Wissenschaften gehaltenen Vortrag auf: »Beispiel einer Erscheinung mehrerer Phantasmen«. An sich war es die Beschreibung einer eigenen psychischen Erkrankung, die der Erkrankte schonungslos analysiert und dabei die farbigen Gestalten von Toten und deren Äußerungen, die er gesehen und gehört hatte, genauestens schilderte. Allerdings verknüpfte Nicolai seine persönliche Krankengeschichte mit philosophischen Gedanken über die Trennung von Körper und Geist, verwies in diesem Zusammenhang auch auf den »Poltergeist von Tegel« – und zitierte das Protokoll in den *Berliner Blättern* von 1797. Bei oberflächlichem Lesen könnte man meinen, Nicolai führte diesen Poltergeist als Beleg für tatsächlich existierende Geister an. Im Folgenden wies er auf den Verdacht des Betruges und der Täuschung hin, aber auch darauf, wie schwer Menschen von der Überzeugung zu kurieren wären, Geister gesehen zu haben. Als Beispiel für die Einbildungskraft, die gleichwohl für den Betroffenen sehr reale Erscheinungen darstellen, berichtete Nicolai von seinem eigenen Krankheitsverlauf und den dabei erlebten »Phantasmen«, von denen er erst durch eine Kur mit am After angesetzten Blutegeln geheilt worden war.

Goethe nahm diesen Bericht begierig auf und karikierte sechs Jahre später Nicolai im *Faust* als angeblich aufgeklärten Gespensterseher, genauer: »Arschgeisterseher« oder Proktophantasmisten (wie er ihn unter Anspielung auf Nicolais Phantasmen nannte), der sich gleich in eine Pfütze setzen wird, um sich mit Blutegeln zu erleichtern. Dieses beim Hexentanz völlig deplatziert wirkende Männchen will die Gespenster um sich herum verscheuchen, ohne dass es ihm gelingt; Goethe lässt ihn zu den tanzenden Hexen und Geistern die oft zitierten Worte sprechen:

> »Ihr seid noch immer da? Nein, das ist unerhört.
> Verschwindet doch! Wir haben ja aufgeklärt!
> Das Teufelspack, es fragt nach keiner Regel.
> Wir sind so klug, und dennoch spukt's in Tegel.«[22]

Es kam Goethe überhaupt nicht auf die Tatsachen an, er wollte nur den alten Feind der Lächerlichkeit preisgeben. »... und dennoch spukt's in Tegel«? Tausendfach zitiert und dennoch falsch: Der Spuk verschwand nach der Untersuchung der naturforschenden Freunde; der *fortgesetzte* Spuk in Tegel ist allein der dichterischen Fehde und Freiheit Goethes geschuldet.

Arm, aber eigensinnig: Die Tegeler Bauern

1797, im Jahr des Spuks von Tegel, hielt der königliche Amtmann Flottmann vom Amt Spandau protokollarisch fest, zu welchen Leistungen die 7 Bauern, 2 Kossäten und 2 Büdner der Tegeler Gemeinde verpflichtet waren (außer den Handdiensten an 52 Tagen im Jahr):

> »1. Vom Jägerhof in Berlin den Schutt wegfahren müssen
> 2. Die Wegen in denen Heiden aufräumen
> 3. Das Jagzeug zum Gebrauch vom Jägerhof abholen, aufladen, und nach Gebrauch wieder auf den Boden zurückbringen und aufhängen
> 4. Die Alleen und Rellstätte (wohl Schreibfehler: Reitstätte, M.S.) aufräumen
> 5. Die Wege ausbessern«[23]

Die Bauern wehrten sich gegen diese Fülle von Diensten unter anderem mit der Behauptung, sie wären nur Kossäten, müssten also nur halbe Dienste leisten (unter der Hand waren mit der Zeit die Spanndienste der Bauern eingeschlafen). Verärgert hielt der Amtmann fest, dass sich die Tegeler durchaus als Bauern bezeichneten, wenn sie etwas haben wollten.

Ein besonderer Dorn im Auge war dem Amtmann der junge Lehnschulze Kuhlicke, den er wegen »voreiligen« Verhaltens bestraft sehen wollte.

Als äußerst zäh gestaltete sich das Ringen der »einfältigen Landmänner« Tegels mit den königlichen Amtsvertretern um die Ablösung der Dienste. Die preußischen Reformen von 1807, 1810 und 1812 stellten zunächst die private Verfügung über Grund und Boden her – und damit die Möglichkeit von Kauf und Verkauf, dann die Aufhebung der Leibeigenschaft und schließlich die Abschaffung der Dienstverpflichtungen. In der französischen Revolution war dies in einer Nacht, der Nacht vom 4. auf den 5. August 1789, mit dem Eingangssatz eines Gesetzes geschehen: »Die Nationalversammlung zerbricht vollständig das Feudalregime.« In Preußen zog sich der Prozess der Bauernbefreiung über Jahrzehnte hin, er benötigte verschiedene Gesetze und Verordnungen und langjährige Verhandlungen über Ausgleichszahlungen. In Tegel fanden diese in den Jahren 1810, 1816 und 1828 statt.

Der Amtsträger berichtete über die Argumente beider Seiten aus seiner Sicht: 1810 sollten die Dienste für den König im Tiergarten abgelöst werden. Es ging für die Bauern nicht nur um viel Geld, sondern auch um die Lebensbedingungen der zukünftigen Generationen. In bewährter Manier erschienen die Bauern Johann und Michael Müller und bezeichneten sich selbst als Kossäten, im Dorf gäbe es sechs Kossäten, die wöchentlich nur zwei Tage im Tiergarten zu arbeiten hätten. Oberforstmeister von Schenk ging aber nach seinen Akten von sechs Bauern und zwei Kossäten aus, die drei Tage pro Woche dienen müssten.

Diese hatten sich bereit erklärt, pro Diensttag 2 Groschen 8 Pfennige zu zahlen und auf kostenloses Bau- und Reparaturholz zu verzichten. Das erschien dem Oberforstmeister zu wenig. Die »Tegelschen Unterthanen« blieben stur: entweder 2 Groschen 8 Pfennige, oder sie leisteten weiter Dienste. Sie weigerten sich sogar, das geforderte Dienstloskaufgeld zu zahlen. Von Schenk wertete das angebotene Dienstgeld als »äußerst gering«; trotzdem empfahl er seinem Dienstherrn, den »Tegelschen Unterthanen« nachzugeben. Er beschrieb die von den Tegeler Bauern im Tiergarten geleisteten Dienste als wenig ertragreich, denn erstens hätten sie eine lange Anreise, zweitens würden sie in der Regel ihre Kinder zum Arbeiten schicken und drittens diese das Wenige vielleicht nicht ganz zweckmäßig tun. Es wäre also ertragreicher, die betreffenden Arbeiten von Tagelöhnern ausführen zu lassen. Von Schenk merkte an, dass die Tegeler Bauern sich nicht auf eine einmalige Ablösung des Dienstgeldes einlassen wollten. Vermutlich fehlte den Dörflern schlicht das Geld dafür, schließlich war Tegel 1806 von den napoleonischen Truppen geplündert und zum Teil abgebrannt worden.

Um noch mehr Geld ging es bei den Verhandlungen von 1816, jetzt sollten die Hofdienste beim Vorwerk Plan, Spandau (heute: Haselhorst), abgelöst werden. Die Bauern versuchten es zunächst wieder mit ihrem Trick, als Kossäten nur zu zwei Tagen pro Woche im dritten Quartal verpflichtet zu sein. Dummerweise fand der Verhandlungsführer des Amtes, von Baerensprung, aber Urkunden, die aufs Jahr umgerechnet 52 Diensttage belegten, also vier Tage pro Woche im Erntequartal.

Dieses Mal berichtete der adlige Protokollführer stolz, wie er die Bauern über den Tisch gezogen hätte: Er konnte ihnen mehr als das Doppelte des offiziellen Betrages für die Berechnung des Dienstgeldes unterjubeln. Mehr wäre nicht drin gewesen, weil »Allerh. Dero Unterthanen die Folgen des Krieges noch zu tief empfinden.«[24] Tegel war erst drei Jahre zuvor erneut von Soldaten geplündert worden – nun von verbündeten russischen Kosaken.

Bei dem doppelten Dienstgeldansatz hatte von Baerensprung die Interessen des Pächters in Spandau im Auge, der künftig von dem Geld der Bauern in der Erntezeit »teure« Tagelöhner heranziehen und Unterkünfte für sie bauen musste.

Allerdings blieben die Bauern – wie sechs Jahre zuvor – stur, was das zusätzliche Dienstloskaufgeld anging, sie wollten es nicht zahlen. Auch die Kapitalisierung des Dienstgeldes lehnten die »Unterthanen zu Tegel« wiederum ab. Von Baerensprung stöhnte: »Es ist eine schwer zu lösende Aufgabe, dem einfältigen Landmann die Operation der Ablösung seiner jährlichen Abgaben durch Kapital begreiflich zu machen.«[25] Am Schluss der Verhandlungen verweigerten die »einfältigen Landmänner« ihre Unterschrift, »vielleicht aus Zweifeln über das Ablösungsverfahren, vielleicht aber auch aus Eigensinn ... denn die

Arm, aber eigensinnig: Die Tegeler Bauern

Der Lehnschulzenhof heute, Alt-Tegel 51

Unterthanen zu Tegel sind nicht nur mir, sondern auch dem hiesigen Justizbeamten als eigensinnig und krittelige Menschen bekannt.«[26]

Die Ablösung der Hofdienste führte also nur zu einer Umwandlung der Dienste in ein jährliches Dienstgeld. Zwölf Jahre später, 1828, wurde über die Ablösung des Domänenzinses und erneut über die des Dienstgeldes verhandelt. Dieses Mal erfolgreich, denn nun verfügten die Tegeler Bauern über reichlich Geld. Aber erst 1848 gelang es, in einem Vertrag mit dem Schloss die Verpflichtung der Bauern zur Räumung des Fließes bis zur Lübarser Grenze zu beenden. Nun lagen auf dem Grund und Boden der Bauern keine Verpflichtungen mehr und sie konnten ihn erstmals veräußern.

Schinkels Schlösschen

Bald nachdem die Witwe von Humboldt 1797 gestorben war, einigten sich die Söhne Wilhelm (1767–1834) und Alexander (1769–1859) über die Teilung des Erbes: Wilhelm erhielt das Schloss und fand Alexander ab – mit einem Vermögen. Anschaulich wird der Batzen Geld erst, wenn wir uns vorstellen, dass Alexander davon seine fünf Jahre dauernde Forschungsreise, seinen rund zweiundzwanzig Jahre während Aufenthalt in Paris und sein auf dreißig Lieferungen anschwellendes Werk über seine Weltreise bezahlen konnte. Dann allerdings war das Geld ausgegeben. König Friedrich Wilhelm III. von Preußen bot Alexander die Stellung eines Kammerherrn am Berliner Hof an. Alexander liebte das weltoffene Paris mit dem Erbe der großen Revolution. Ins verstaubte, reaktionäre Preußen zurückkehren? Unter Seufzen, vom Geldmangel getrieben, aber auch in Vorfreude beim Gedanken an die Nähe zu seinem Bruder in Tegel kam Alexander von Humboldt nach Berlin. Hurrapatriot wurde er nicht. Schon 1806 hatte er sich bei Napoleon für preußische Kriegsgefangene eingesetzt, 1815 tat er das Gleiche für französische Kriegsgefangene beim preußischen König.

1827 in Berlin begann er sofort, die Kenntnisse der Naturwissenschaften der Allgemeinheit zu heben; er hielt öffentliche Vorlesungen in der Singakademie unter dem Titel »Kosmos«. Angeblich strömte ganz Berlin zu dem weitgereisten Gelehrten, vom Zimmermädchen bis zum König. Mit den Jahren wurde der Kammerherr den Ministern zu fortschrittlich, war er doch schon verdächtig, weil er aus Paris kam. Sie nannten Alexander von Humboldt den »Republikaner am Hof«. Und es stimmte ein wenig: Alexander blieb Zeit seines Lebens Kosmopolit. 1842 bestand er darauf, dass der Orden »Pour le mérite« für Wissenschaften und Künste wieder ohne Ansehen der Nationalität des Empfängers vergeben werden sollte. Auch marschierte er zu Ehren der erschossenen Aufständischen des 18. März 1848 in der ersten Reihe des Trauerzuges, ehrte aber auch die getöteten Soldaten. Und das mit fast achtzig Jahren! Sein Grab befindet sich in der Ruhestätte der Familie im rückwärtigen Teil des Schlossparks von Tegel. In Lateinamerika feiert man Alexander von Humboldt noch heute als zweiten Entdecker Amerikas.

Wilhelm von Humboldt hatte 1810 zunächst das Amt des preußischen Kultusministers abgelehnt, er wollte nicht für Kirchen und Pfarrer zuständig sein. Aber eine Universität zu gründen, das preußische Bildungssystem von Grund auf zu reformieren, für diese Arbeit an der Zukunft des Landes wurde schließlich er doch im gleichen Jahr preußischer Kultusminister, wenn auch widerwillig, weil dem Innenminister unterstellt. Nicht lange und er musste im diplomatischen Dienst an den Verhandlungen beim Wiener Kongress teilnehmen. Noch ein paar Jahre arbeitete Wilhelm von Humboldt als Diplomat, zuletzt in London, dann wurde er Ende 1919 entlassen – er war als Verfechter einer Verfassung für Preußen den immer kompromissloser auftretenden Reaktionären, den Demagogenverfolgern, ein Dorn im Auge gewesen. Er zog sich auf sein Schloss Tegel zurück, wo er nun als Privatgelehrter lebte.

Auch für sein privates Anwesen hegte er große Reformpläne. Er engagierte den Stararchitekten des Hofes, Karl Friedrich Schinkel, den er als Einundzwanzigjähriger in Rom kennengelernt hat. Die Neue Wache und das Schauspielhaus in Berlin zeigten bereits Schinkels moderne, klassizistische Handschrift. Etwas Vergleichbares, umgeben von italienischem Flair, wollte der Schlossherr in Tegel gebaut bekommen. Schinkel gelang ein Kunststück: Er integrierte das alte Schloss in einen Neubau, ohne dass man diesen als solchen erkennt. Allerdings kann man das schräge Ziegeldach auf der Eingangsseite als Fremdkörper wahrnehmen im klassizistischen, italienisch geprägten Bau mit Flachdach. Selbst den Turm hat Schinkel erhalten und ihn in der Anlage vervierfacht: Je ein Turm markierte die Ecken des Schlosses. Trotz des südländischen Flairs blieb der Bau doch bodenständig: »Der ... kubische Bau bewahrt noch die Schlichtheit eines märkischen Gutshauses. Es gibt keine große Auffahrt, keinen Säulenportikus und keinen Wappenrisalit. Der Anspruch des Hauses ist ganz nach innen gekehrt«[27], schreiben die Nachfahren Wilhelm von Humboldts, C. und U. von Heinz, denen das Schloss heute gehört. Während Wilhelm von Humboldt und Karl Friedrich Schinkel über den Bauplänen von vergangenen Tagen in Italien schwärmten, betrachtete Ehefrau Karoline von Humboldt die Pläne unter praktischen Gesichtspunkten. Vorsichtshalber lobte sie zunächst »einige Marmorfragmente und ausgezeichnete Gipse«, sowie die »sehr schöne helle Küche«, beklagte sich aber über »eine ganz miserable Speisekammer«. Sie bat und flehte »um einen Trockenboden – in unserem Klima eine unerlässliche Sache – allein vergebens. Wir haben dafür ein plattes Zinkdach«, spottete sie sarkastisch.[28]

Das Schloss beherbergte auch Wilhelm von Humboldts private Antikensammlung, heute Teil des Humboldt-Museums. Dieses Privatmuseum, das erste in Preußen (und bis zur Eröffnung des Museums am Lustgarten 1830 das einzige für Antiken), wurde bald – samt Schloss – zu einer Pilgerstätte für Gebildete. König Friedrich Wilhelm III. be-

Alexander von Humboldt im Park von Schloss Tegel, Stahlstich von Johann Poppel, um 1850

auftragte Humboldt mit einem Konzept für das geplante Museum im Lustgarten (heute: Altes Museum) – wohl auch mit dem Hintergedanken: Da kann einer mit fortschrittlichen Ideen keinen Schaden anrichten. Der Maler Max Grunwald, der selbst in Wittenau lebte und dort 1934 einen Kreis der Bekennenden Kirche gründete, hat das Schloss gemalt.

Als Karoline 1829 starb, ließ Wilhelm im Schlosspark eine Begräbnisstätte anlegen, dort wollte sie unter einer Eiche liegen. Kein gekreuzigter Jesus, sondern die Skulptur der Hoffnung, der römischen (heidnischen!) Göttin Spes mit einer Granatapfelblüte in der Hand, wacht hoch oben auf einer Granitsäule wie ein Engel über den Gräbern, angefertigt vom dänischen Bildhauer Bertel Thorvaldsen – auch den hatte Wilhelm von Humboldt in seiner römischen Zeit kennengelernt. »Der Geschmack der Humboldtschen Familie, vielleicht auch noch etwas höheres, hat es verschmäht, in langen Reihen prunkvoller Särge den Tod gleichsam überdauern und die Asche der Erde vorenthalten zu wollen. Des Fortlebens im Geiste sicher, durfte ihr Wahlspruch sein

›Erde zu Erde‹. Kein Mausoleum, keine Kirchenkrypta nimmt hier die irdischen Überreste auf; ein Hain von Edeltannen friedigt die Begräbnisstätte ein und in märkisch-tegelschem Sande ruhen die Mitglieder einer Familie, die, wie kaum eine zweite, diesen Sand zu Ruhm und Ansehen gebracht hat.«[29] So würdigte der große märkische Schriftsteller Theodor Fontane den Geist dieser Stätte als einen »entschiedener Vornehmheit«. Auch Wilhelm und Alexander von Humboldt wurden hier begraben, ebenso wie die Nachfahren Wilhelms mit den Namen von Bülow und von Heinz bis heute.

Ein weiteres heidnisches Element fügte Schinkel hinzu: die Rundbank oder Exedra. Vielleicht hatte er sie bei seinem Besuch in Pompeji gesehen, dort war sie der Priesterin Mammia gewidmet. Oder in Weimar, wo die Gräfin Anna Amalia sich 1799 eine pompejanische Bank in den Park an der Ilm bauen ließ. Allerdings fällt Schinkels Rundbank in Tegel spartanisch aus – ohne Greifenfüße und ohne Arabesken, selbst ohne sein Erkennungszeichen, die Schinkel-Palmette.

In seiner Schwärmerei für Schloss und Park Tegel fügte Theodor Fontane hinzu, warum ihm »der Geschmack entschiedener Vornehmheit« der Familie Humboldt nahestand: »Ein Geist der Liebe und Humanität schwebt über dem Ganzen, aber nirgends eine Hindeutung auf das Kreuz, nirgends der Ausdruck eines unerschütterlichen Vertrauens ... Die märkischen Schlösser, wenn nicht ausschließlich feste Burgen altlutherischer Konfession, haben abwechselnd den Glauben und den Unglauben in ihren Mauern gesehen; straffe Kirchlichkeit und laxe Freigeisterei haben sich innerhalb derselben abgelöst. Nur Schloss Tegel hat ein drittes Element in seinen Mauern beherbergt, jenen Geist, der, gleich weit entfernt von Orthodoxie wie von Frivolität, sich inmitten der klassischen Antike langsam, aber sicher auszubilden pflegt, und lächelnd über die Kämpfe und Befehdungen beider Extreme, das Diesseits genießt und auf das rätselvolle Jenseits hofft.«[30]

Die freie Wiesenfläche zwischen der Grabanlage und dem Schloss erinnert an ein antikes Hippodrom. Die bewaldete Anhöhe im Norden und die Lindenallee im Süden schirmen diesen Ort vom Verkehrslärm ab, wenige Menschen genießen seine Beschaulichkeit und Stille.

Ein Schießplatz bringt Reichtum

Einige Jahre nach den Plünderungen durch die französischen und russischen Truppen schüttete eine gute Fee in Gestalt des Militärfiskus einen Goldregen über das Dorf Tegel aus: Die preußische Armee legte ab 1828 einen neuen Schießplatz in der Königlichen Jungfernheide an, die im Norden an die Tegeler Bauernheide (die spätere Siedlung Waldidyll) grenzte. Der Tegeler Dorfschulze Christian Friedrich Ziekow handelte 1828 einen guten Preis aus: Jeder Bauer, der sein Land an das Militär verkaufte, erhielt für die Ablösung der Hüterechte in der Königlichen Jungfernheide (das Gelände des heutigen Flughafens Tegel) 1.000 Taler! Später gab es mehr Geld für mehr Land, weil die Armee schließlich auch mit Geschützen schießen wollte – und für jeden Übungstag zahlte die Armee einen Taler in die Gemeindekasse. Schießübungen konnten auch unangenehme Begleiterscheinungen mit sich bringen, aber daran dachten die Bauern noch nicht.

Das Amt Spandau, dem das Dorf gehörte, warf einen begehrlichen Blick auf das »sehr bedeutende Kapital« in den Händen der Bauern, wie es mit bedauerndem Unterton in einem offiziellen Schreiben hieß. Es bot der Gemeinde erneut die Ablösung aller Zahlungsverpflichtungen an. Dieses Mal einigte man sich. Die Gemeinde zahlte noch vor Weihnachten 1828. Vom 31. August 1829 datierte die Quittung der Königlichen Regierung, dass die Tegeler Bauern von jeder Dienst- oder Domänengeldzahlung befreit waren, die daraufhin auch im Hypothekenbuch gelöscht wurden. Endlich waren die Tegeler Bauern frei.

Über die »Separation«, das heißt über die Aufteilung ihrer in Gemengelage liegenden Handtuchfelder, verständigen sie sich nicht. Den Bauern reichte es, dass sie nicht mehr der Dreifelderwirtschaft und dem Flurzwang unterlagen. Aber die Gemengelage wirkte sich bei späteren Grundstücksverkäufen als Hindernis aus, weil jedes Mal eine ganze Reihe von Eigentümern in den Prozess eingebunden werden mussten. Trotzdem haben es die Tegeler Bauern geschafft, gemeinschaftlich Grundstücke zu verkaufen. Dieser Tatsache verdanken wir eine genaue

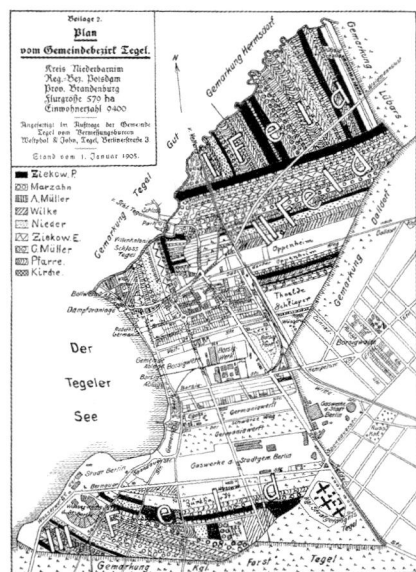

*Die Äcker der Tegeler Bauern –
in Gemengelage und Dreifelderwirtschaft, Plan vom Gemeindebezirk
Tegel, 1905*

Karte über die Eigentümer des trotz teilweiser Bebauung noch reichlich vorhandenen Tegeler Ackerbodens im Jahre 1905 – eine seltene Darstellung der Jahrhunderte zurückreichenden Eigentumsverhältnisse.

Der Schießplatz auf dem Gebiet des heutigen Flughafens stieg zu einem wichtigen Militärgelände auf: Jeder Berliner Artillerist und jeder Gardeinfanterist musste hier seine Schießausbildung absolvieren, alle schossen auf ein Zieldorf mit schief stehendem Kirchturm. Je mehr sich die Militärtechnik entwickelte, desto weiter flogen die Granaten – aber nicht desto genauer. Zwar wurden die Übungstage in Tegel angekündigt, auch blieb dann der Tegeler See für den Bootsverkehr gesperrt, trotzdem schlugen die Granaten schon mal ein, wo sie es nicht sollten. Der Besitzer der Insel Scharfenberg, Dr. Carl Bolle, schrieb deshalb 1872 ein Protestgedicht an den Schießplatzkommandanten.

1888 untersagte der preußische Landtag das Schießen mit weittragenden Granaten. Trotzdem kam es zu einem gefährlichen Zwischenfall: 1908 schlug eine Granate in ein Wohnhaus in Saatwinkel ein und zerstörte es. Glücklicherweise waren keine Bewohner anwesend und so verlor niemand sein Leben. Das Militär aber musste sein Übungsschießen ganz einstellen.

Großer Brand und Eisenhammer

Nur ein paar Jahre konnten sich die Bauern von Tegel über ihren unerwarteten Reichtum freuen – und über die Ablösung ihrer Dienstverpflichtungen. Da schlug am 4. Mai 1835 bei einem schweren, von Spandau über den Tegeler See kommenden Gewitter der Blitz ein, ausgerechnet ins Haus des Dorfschulzen Christian Friedrich Ziekow (heute: Alt-Tegel 51). Die Funken flogen in Windrichtung und entzündeten ein Strohdach nach dem anderen. Die Bewohner arbeiteten auf den Feldern, bei ihrer Rückkehr standen sie vor den lichterloh brennenden Häusern. Der gesamte nördliche Teil des Dorfes brannte ab.

Immerhin war Tegel in Berlin schon so bekannt, dass mitleidige Bürger am Tag darauf einen Spendenaufruf für die abgebrannten Tegeler Bauern in die *Haude und Spenersche Zeitung* setzten, in dem vom »als Vergnügungsort beliebte(n) Dorf Tegel« die Rede war. Sogar das königliche Haus spendete und nördliche Gemeinden von Heinersdorf und Lindenberg bis Lübars und Heiligensee.

Gut ein Jahr vor dem großen Brand im Dorf Tegel 1835 waren bereits die Gebäude der Mühle den Flammen zum Opfer gefallen. Der Besitzer ließ sie noch im gleichen Jahr wieder aufbauen. Jedoch war die Mühle schon lange durch die auf ihr lastenden Abgaben kaum wirtschaftlich zu betreiben. Erst der Teilhaber Karl Friedrich Henning stellte 1848 den Betrieb von Wasser- auf Dampfkraft um – mit Hilfe einer »20 pferdige(n) Dampfmaschine«, wie es bei Chronist Wietholz heißt.

Der Brandschutz verlangte nun größere Abstände der Gebäude, gemauertes Fachwerk und Ziegeldächer. Bauinspektor Butzke empfahl in seinem Gutachten, den Hof des Krügers Schulze zu verlegen, damit man im Brandfall schneller ans Wasser kam und – vor allem! – damit die Besucher vom Kirchplatz aus den Blick frei über den See nach Spandau schweifen lassen konnten. Aber welcher Bauer lässt sich gern von seinem angestammten Grund und Boden versetzen? Nur für eine Straße zum See opferten zwei Anlieger, Lehnschulze Ziekow und Bauer Dannenberg, kleine Teile ihres Besitzes – die Seegasse entstand (heute »Alt-Tegel« vor dem Seeufer). Nach dem Brand siedelten sich die ersten Büdner an der Verbindungsstraße (heute: Alt-Tegel) zwischen dem Dorf und dem Hamburger Postweg (heute: Berliner Straße) an.

Nur gut ein Jahr später stand Nacht für Nacht Feuer am Himmel über Tegel. Eine Eisengießerei hatte sich südlich außerhalb des Dorfes

Büdnerhaus von ca. 1836, heute Alt-Tegel 18

am See angesiedelt, und nun sprühten die Funken zum Schornstein hinaus. Das Geld für den Verkauf von 38 Hektar für den Bau der Eisengießerei hatten die Bauern gern genommen, denn es war sandiger Boden, der keinen guten Ertrag lieferte.

Franz Anton Egells betrieb ab 1825 in Berlin die erste private Maschinenfabrik neben der staatlichen königlich-preußischen Eisengießerei, er gehörte zu den Pionieren des Berliner Maschinenbaus. Der große Förderer des Gewerbes in Preußen, Ministerialdirektor Peter Beuth, hatte den jungen Egells als Industriespion nach England geschickt und förderte später seinen Betrieb, indem er ihm modernste englische Maschinen zur Verfügung stellte. Egells war innovativ und kreativ, immer bemüht, seine Produkte zu verbessern; bei den Dampfmaschinen legte er das Augenmerk darauf, die Steuerung weiterzuentwickeln. Sogar vier Lokomotiven ließ er in seinem Betrieb bauen. Die freitragende gusseiserne Wendeltreppe im Jagdschloss Granitz auf Rügen stammt aus der Egellsschen Werkstatt, sie wurde 1845 in den von Karl Friedrich Schinkel entworfenen Turm eingebaut. Der junge August Borsig lernte bei Egells und stieg schnell auf, Egells machte ihn zu seinem Teilhaber. Aber Borsig wollte sein eigener Herr sein. Die Egellssche Maschinenbauanstalt stand in dem Ruf, die größten Maschinen bauen zu können und galt als die Pflanzstätte des preußischen Maschinenbaus.

1836 lagerte Egells seine Eisengießerei nach Tegel aus. Hier konnte er Roh- und Hilfsstoffe anschiffen lassen – ein billiger Transportweg. Egells hatte 1829 in Schlesien eine Erzgrube und eine Hütte (bei Reinerz) gekauft und verhüttete so das Erz gleich vor Ort. Albert Borsig, der Sohn des Firmengründers Borsig, kopierte später dieses Rezept und übernahm ebenfalls in Schlesien Grube und Hüttenwerk.

Nachts leuchtete nun der Himmel über Tegel rot – vom Eisenhammer, wie die Bauern die Egellssche Anlage nannten. 1838 wohnten bereits einundzwanzig Menschen »auf dem Eisenhammer«, während das Dorf 141 Einwohner zählte. Noch ahnte niemand, dass dies der Beginn einer Karriere Tegels als gewaltiger Industriestandort sein sollte. Später expandierte der Eisenhammer, die Firma hieß Märkisch-Schlesische Maschinenbau- und Hütten-AG, nach Schlesien und es wurde eine Werft bei Kiel dazugekauft.

1882 allerdings übernahm die Schiff- und Maschinenbau-AG Germania die Werft und die Tegeler Betriebsstätte. Auch die »Germania-Werft« blieb nicht selbstständig, Krupp pachtete sie 1896 (ab 1902: Friedrich Krupp Germaniawerft), konzentrierte aber 1903 den Werftbetrieb in Kiel. Der Traum von Tegel als Werftstandort war ausgeträumt. 1912 verlor Krupp ganz die Lust an seinen Tegeler Anlagen und stieß sie an Borsig ab. Noch heute wird in der Germaniahalle gearbeitet, es soll die älteste gewerblich genutzte Fabrikhalle in Deutschland sein. Sie ist vom Borsigdamm aus zu erkennen.

Der Eisenhammer stand ungefähr am südlichen Ende des heutigen Borsighafens, in der Verlängerung der Egells- und der Biedenkopfstraße (früher Kruppstraße).

Tegel wird Ausflugsziel

Schon im 18. Jahrhundert berichtete Friedrich Nicolai, dass oft Spazierfahrten nach Tegel stattfanden; er nannte in diesem Zusammenhang das »Humboldtsche Schloss« und ein nahegelegenes Wirtshaus (gemeint ist der »Neue Krug«, heute »Alter Fritz«). Und Wilhelm von

Humboldt schwärmte in seinen Kindheitserinnerungen von dem herrlichen Blick vom Weinberg auf die See- und Insellandschaft.[31]

Anderen war zwar der Name Tegel geläufig, aber sie fuhren trotzdem auf der Poststraße nach Hamburg an dem Dorf vorbei. Eine Reise in der Postkutsche mag romantisch, wenn auch reichlich unbequem gewesen sein, gleichwohl barg sie auch Gefahren, wie in dem 1821 veröffentlichten schaurig-romantischen Gedicht eines anonymen Verfassers beschrieben:

Neuer Spuk in Tegel
auch: Der Teufel an der Poststraße (das ist die heutige Karolinenstraße, M.S.)

Da draußen vor den Thoren,
    Da liegt ein altes Schloß,
Da ging manch' Herz verlohren,
    Da ist der Teufel los.

Da wohnen wilde Vögel,
    Die Fledermaus und Uhu;
Das ist das Schloß zu Tegel,
    Fahr' Kutscher, fahre zu.

Das Rößlein wollt' nit weiter,
    Die Räder blieben stehn,
Es wäre wohl gescheiter,
    Man möcht' zu Fuße gehen.

So saß ich still im Grünen,
    Ein Reiter ritt heran,
Der sprach: kann ich Euch dienen,
    Wie gern ist es gethan.

Er ließ sich bei mir nieder,
    Schenkte mir vom besten Wein;
»Ach! schenkt ich dir was wieder,
    Es müßt' mein Herze sein!«

Nun ziehet in die Weite
    Mein Herz mit ihm zu Roß.
In Tegel ihr lieben Leute,
    Da ist der Teufel los.[32]

Etwa ab 1830 fühlten sich die Gebildeten von den Antiken angezogen, die Wilhelm von Humboldt als Originale und als Gipsabgüsse in seinem Schloss zusammengetragen hatte. Zu einem kulturellen Leuchtturm wurde Schloss Tegel auch durch den klassizistischen Schlossbau Schinkels, den Schlosspark und die Humboldtsche Grabanlage – ein Gesamtkunstwerk.

Dabei entdeckten die Besucher die Wälder rund um das Schloss und schwärmten von der Landschaft, von ihrem Auf und Ab, von den verschiedenen Bäumen und vom See wie Gottfried Keller in seinem romantischen Gedicht »Am Tegelsee« von 1852:

…Trittst du hinaus, den Föhrensaum
Sieh ernst den See umgeben!

In seinen Wipfeln rauscht der Traum
Vom ferneblauen Leben.

Und auf dem Walde wandeln sacht
Die weißen Wolkenfrauen,
Die in der Flut kristallner Nacht
Ihr klares Bild beschauen.

… Fühlst nach der Heimat du das Weh,
O Fremdling, dich durchschauern,
Fahr auf dem nord'schen Geistersee,
Hier ist es schön zu trauern![33]

Gottfried Keller konnte vom Schloss aus noch einen freien Blick auf den See genießen – die Feldmark des Gutes war nicht bewaldet.

Aber nicht nur das Schloss mit seinen Antiken und seinem Park zog Besucher an. Schon 1837, ein Jahr nach dem großen Brand, sprach man amtlicherseits vom »stark besuchten Vergnügungsort Tegel« und erwähnte »eine große Menge Menschen«, die mit Schlitten oder Schlittschuhen auf einer Eisbahn nach Tegel zogen.[34]

Das Vergnügen wird sich damals wohl auch auf wärmende Getränke im Dorfkrug bezogen haben.

Noch war die Fahrt nach Tegel für normale Bürger zu teuer, es blieb ein Vergnügen für Betuchte – wenn man vom Ausflug auf dem Eis absieht.

Eine neue Entwicklung bahnte sich ganz am Rande des Dorfes Tegel an: in Saatwinkel, an einer südwestlichen Bucht des Tegeler Sees namens Kleine Malche und gegenüber der Insel Maienwerder. 1839 öffnete hier eine Gaststätte und im nächsten Jahr ganz in der Nähe eine zweite: der »Blumeshof«. Beide Lokale lagen verkehrsmäßig noch ungünstiger als Tegel, waren nur von Spandau, Charlottenburg oder Tegel aus zu erreichen. Immerhin konnten die Berliner seit 1828 die vierzehn Kilometer lange Strecke nach Spandau mit öffentlichen Verkehrsmitteln zurücklegen, mit dem Torwagen; der an der Stadtgrenze, am Tor, startete. Die Fahrt dauerte zwei Stunden, anschließend mussten die Ausflügler noch einmal fünf bis sechs Kilometer zu Fuß bis Saatwinkel gehen. Billiger war es, bis zum Luisenplatz in Charlottenburg mit dem Torwagen zu fahren und dann einen sieben bis acht Kilometer langen Spaziergang entlang der Spree durch Wiesen und durch die Jungfernheide zu unternehmen, um Saatwinkel zu erreichen. Der Berliner Schriftsteller

Ludwig Pietsch hat diese Wanderung in Erinnerung an seine Jugend beschrieben: »Immer schon in der Morgenfrühe brachen wir zu diesen Saatwinkel-Wanderungen auf. Vor dem Charlottenburger Schlossgarten überschritten wir die Spree auf der dortigen Brücke (heute Schlossbrücke, M. S.). Von da ging man entweder längs des Flusslaufes auf der von alten Weiden- und Erlenbüschen gesäumten, sandigen Uferstraße oder durch den noch tieferen Sand des, von kleinen Bäumchen eingefassten, Weges, der im rechten Winkel ab von dem andern zwischen sumpfigen Wiesen und Getreidefeldern zum Walde führte. Die Lerchen tirilierten über uns höher und höher in den lichtflimmernden Äther steigend. (…) Bald empfing uns die Schattenkühle der Heide. Ein Wald aus hohen alten Kiefern und Eichen prächtig gemischt, durch dessen Dickicht sich die unchaussierte Straße – leicht als die richtige an den großen weißen lateinischen S zu erkennen, die auf die Stämme der Bäume zu beiden Seiten gepinselt waren – bis zum Ziel wohl eine Stunde weit hin wand.«[35]

Schon diese Wanderung bereitete Vergnügen, das sich aber bei der Ankunft in Saatwinkel erheblich steigerte: »Mit immer erneutem Entzücken begrüßten wir die bläuliche, silbern glänzende Fläche des Sees, wenn sie endlich zwischen den Bäumen sichtbar wurde. Und dann die langen Stunden im selbstgesteuerten und -geruderten Boot, das man in einer der beiden noch ganz primitiven Saatwinkler Wirtschaften entlieh … auf der weiten glatten oder windgekräuselten, noch von keinem Dampfer durchschnittenen und aufgeregten Flut, und, damit abwechselnd, ein Ausruhen an ihren stillen Ufern im kiefernadelduftdurchwürzten Waldesschatten oder unter den alten Linden vor dem malerischen strohgedeckten Bauern- und Fischerhause des einsamen Gehöfts auf Valentinswerder oder vor dem auf Scharfenberg …«[36] Und Ludwig Pietsch sprach auch offen an, woraus sich diese Sehnsucht nach der Natur speiste: »Dumpf und matt gedämpft aus weiter Ferne drang das Brausen der großen Stadt und das rhythmische Dröhnen des Dampfhammers der Borsigschen Eisenwerke vom näheren Moabit herüber.«[37]

Die Betreiber der beiden Etablissements in Saatwinkel und von »Blumeshof« mussten sich ständig etwas Neues einfallen lassen, um die Kundschaft aus dem entfernten Berlin anzulocken. Der erste Wirt des »Blumeshof« kündigte bereits zur Eröffnung »Concert-Musik« an sowie ein »großes, brillantes Feuerwerk, vom Königl. Theater-Feuerwerker Hrn. Dobermont ausgeführt«. Zwei Jahre später wies er stolz hin auf »Kegelbahnen, Billard u. … sichere Kähne zu Wasser-Spazierfahrten«. Wasser- und Erntefeste mit Umzügen kamen hinzu.

Einen gewaltigen Schub für die Ausflugskultur bedeutete die Eröffnung der Eisenbahnlinie Berlin –Hamburg 1846, denn der Zug hielt in Spandau. Man benötigte statt der bisherigen zwei Stunden nur noch fünfzehn Minuten für die Strecke vom Hamburger Bahnhof in Berlin bis Spandau! Kein Wunder, dass auch bald ein regelmäßiger Schiffsverkehr zwischen Spandau und dem Tegeler See aufgenommen wurde, mindestens seit 1855. »Größere Landpartie« nannten es die Berliner, wenn sie sich auf diesem Wege nach Saatwinkel begaben.

1848 bis 1859 leitete Peter Joseph Lenné den Bau des von ihm entworfenen Berlin-Spandauer-Schifffahrtskanal, der zunächst bei Saatwinkel in den Tegeler See mündete (und erst später begradigt wurde, so dass er nicht mehr in den Tegeler See, sondern direkt in die Havel floss, das letzte, nördliche Stück des ursprünglichen Verlaufs schüttete man wieder zu). Fünf Jahre später führte eine Chaussee von Plötzensee nach Saatwinkel am Kanal entlang, der heutige Saatwinkler Damm. Und nun konnten auch Kremser zügig die Idylle am Tegeler See erreichen. Hausgemeinschaften, Vereine oder Verwandtschaften mieteten einen billigen Kremser, eine offene Kutsche für vier bis acht Personen, und unternahmen eine Landpartie.

Im Januar 1857 lud der Betreiber des »Blumeshof« zu einer Schlittschuh-Fahrt mit Musik auf dem neuen Kanal ein, von der Fennstraße im Wedding nach Saatwinkel. Unterwegs boten findige Händler Getränke und Imbiss an. Auch um 1860 berichtete Ludwig Pietsch von »gelegentlichen gemeinsamen winterlichen Eispartien nach Saatwinkel auf dem Spree-Havelkanal quer durch die Jungfernheide und weiter über den Tegeler Havelsee.«[38] Pietsch konnte es sich nicht verkneifen, über Ferdinand Lasalle zu spotten, der als ein »jugendlicher Held des Worts und der Feder, ein Löwe der Gesellschaft, ein vielgeliebter und gefürchteter Frauensieger und Volksführer« galt. Aber zum Schlittschuhlaufen zeigte er sich unfähig, er musste sich in einem Schlitten von einem gemieteten Läufer schieben lassen.[39]

Stolz vermeldete der Spandauer *Anzeiger für das Havelland* 1884 ein kaum zu überbietendes Angebot in »Blumeshof«: »Nicht nur, daß durch eine vorzügliche Küche, durch feinste Weine und reelle Lagerbiere den Bedürfnissen des Gaumens und Magens Genüge geleistet wird, es ist auch durch Schaukeln, Karousels, Schießstände, Würfelbuden, Kraft-messer, Personenwaage, Kegelbahnen, Billard usw. für die Belustigung reichlich gesorgt.«[40]

Nach 1900 verfügten die Gastwirtschaften über Stallungen für die Pferde der Gäste; »Saatwinkel« konnte hundertzwanzig Pferde unter-bringen, »Blumeshof« sechzig.[41]

Die beiden Gaststätten entwickelten Saatwinkel zu einem attrakti-ven Ausflugsziel, das – da es am Tegeler See liegt – sicher schon früh auch den Ruf Tegels und der Erholungslandschaft am Tegeler See be-förderte. 1840 wurde über angenehme Wasserfahrten auf dem Tegeler See geschrieben. Und 1847 tauchten »Saatwinkel« und »Blumeshof« als Ziele solcher Bootstouren von Tegel aus auf.

Allerdings bevorzugten die Berliner nach 1840 Pankow, Charlotten-burg und Köpenick als Ausflugsziele, einem massenhaften Zustrom von Ausflüglern nach Tegel standen in dieser Zeit der Fahrpreis und der Zustand der Wege entgegen. Die Fahrt mit einer zweispännigen Kutsche kostete drei Taler für eine Halbtagestour. Wer nicht so bequem wie in der Kutsche reisen musste, konnte es billiger haben: Zwei oder mehrere Familien drängten sich auf einem offenen Kremser und teilten sich den Fahrpreis.

Die Chaussee von Berlin zum Schlösschen Tegel war nur bis zum Ende der heutigen Scharnweberstraße gepflastert, von dort führte ein elender Sandweg nach Tegel, auf dem sich die Pferde abquälten. Auf diesen restlichen dreieinhalb Kilometer der Fahrtstrecke drängelten sich im Sommer bis zu hundert Fuhrwerke. Und zu guter Letzt, auf der Schlossstraße bei der Mühle, soll es gelegentlich eine Kutsche aus der Kurve getragen haben. Wohl dem, der nur mit einigen Blessuren oder Knochenbrüchen aus seinem umgestürzten Gefährt kroch!

Der damalige Schlossherr, Schwiegersohn Wilhelm von Humboldts und Preußischer Staats- und Kabinettsminister (des Auswärti-gen) Heinrich von Bülow (gestorben 1846), beschwerte sich beim Fi-nanzminister über den Zustand der Straße – mit Erfolg. 1849 endlich war die Chaussee fertig und führte bis zum Schloss, ja sogar bis zur Havel und nach Hennigsdorf. Allerdings gab es keine freie Fahrt auf der neuen »Berlin –Tegel –Hennigsdorfer Staatsstraße«: Eine »Chaus-seegeld-Hebestelle bei Tegel« wurde eingerichtet, hier kassierte der Staat eine Maut, pardon: das »anderthalbmeilige Chausseegeld« (für rund elf Kilometer, vom Oranienburger Tor aus gemessen), das nun das Brückengeld über die Havel bei Neubrück kurz vor Hennigsdorf mit einschloss.

Abgesehen vom Chausseegeld stand den Sonntags- und Pfingstausflügen nichts mehr im Wege. Im Mai 1849 empfahl die *Vossische Zeitung* schwelgerisch einen Pfingstausflug nach Tegel. Die Berliner strömten massenhaft ins Grüne; Kutschen, Kaleschen, Equipagen und Kremser drängelten sich auf der Strecke, es kam zu Staus und Federbrüchen. Von der Landschaft auf dem Weg nach Schulzendorf und vom Spaziergang im Schlosspark war man begeistert, vom Zustand der Straße immer noch nicht; kollektiv beschwerte man sich in einem Leserbrief über ausgestandene Todesangst in der Kutsche.

Mit jeder Entwicklung der Verkehrsmittel verbilligten sich die Preise für eine Fahrt ins Grüne. Innerhalb von fünfundzwanzig Jahren änderte sich der Charakter der Ausflüge: An die Stelle des Naturerlebnisses trat das Unterhaltungsbedürfnis. Nach einem Bericht des *Tegeler Anzeigers* vom 26. Februar 1902 war damals die Eisbahn auf dem Tegeler See von Hunderten und Tausenden besucht. »Die Elektrische vermochte die vielen Berliner, die sich … zwischen Liebesinsel, Tegelort und Saatwinkel auf dem Eise tummelten, kaum zurückzuschaffen. (…) Auch unseren Wirten brachte der Sonntag mit seinem mehr als sommerlichen Verkehr guten Verdienst.«[42]

1875 beschlossen die Tegeler Grundbesitzer Veit (ein Tegeler Neu-Bürger, der Fuhrwerksbesitzer Johann Friedrich Veit), Ziekow, Marzahn und Müller, eine einigermaßen regelmäßige Verbindung Tegels mit Berlin per Omnibus einzuführen. Veit wollte als Verkehrsunternehmer Geld verdienen, er bot Fahrten der Luxusklasse (Klasse I) an, die fast doppelt so teuer waren wie bei der II. Klasse: schnellere Pferde, elegantere Wagen, große weiße Laternen und Kutscher mit blauem Rock und silberner Kragenborte. Veits Omnibusse fuhren nur bis zur Müllerstraße, wo man in die Pferdebahn umsteigen musste.

Die Gemeinde Tegel erkannte, dass eine regelmäßige, preiswerte Verkehrsverbindung von Tegel nach Berlin das A und O für die weitere Entwicklung des Ortes bedeutete und dass Veits Omnibusse dafür nicht ausreichten. Die Große Berliner Pferde-Eisenbahn-Gesellschaft eröffnete 1881 eine Pferdebahn (auf Schienen) von Berlin nach Tegel. Jede Stunde fuhr die Bahn vom Oranienburger Tor für 40 Pfennige bis zur Schwarzen Brücke (an der Kreuzung von Bernauer und Seidelstraße), den Rest des Weges in den Ort Tegel musste man zu Fuß zurücklegen.

Pferdebahn nach Tegel, rechts auf Schienen, 1895

Man könnte vom Beginn eines preiswerten und regelmäßigen Verkehrs sprechen, wenn … ja, wenn es da nicht einige Hindernisse gegeben hätte. Die Strecke war eingleisig, folglich musste die Bahn an Weichen auf die Gegenbahn warten. Die Fahrgäste plauderten an den Halte- und Wartestellen, wärmten sich im Winter in einer nahen Gaststätte auf oder tranken im Sommer ein kühles Bier. Auf diese Weise verlängerte sich die offizielle Fahrdauer von einer Stunde. Gelegentlich mussten die Fahrgäste aber auch zupacken, denn eine Polizeiverordnung schrieb vor: »Ist die Fahrbahn durch Hindernisse gesperrt, welche nicht augenblicklich zu beseitigen sind, so muss der Wagen aus den Schienen gebracht und die betreffende Stelle umfahren werden.«[43]

Tegel unter seinem neuen rührigen Ortsvorsteher Ludwig Brunow einigte sich 1889 mit Dalldorf (später Wittenau) und Reinickendorf auf ein Projekt: Die Große Berliner Straßenbahn-Gesellschaft sollte die Strecke zweigleisig ausbauen und bis in den Ortskern von Tegel weiterführen.

Die Verkehrsentwicklung verlief rasant. 1893 kam eine richtige Eisenbahn (mit Dampflok und ohne Pferde!) nach Tegel, die Linie der

Kremser und »Elektrische« (nach Heiligensee) vor dem Schlosskrug, ca. 1917

Kremmener Bahn erstreckte sich bald darauf vom Stettiner Bahnhof (heute: Nordbahnhof) über Velten nach Kremmen – mit Halt in Tegel. Auch diese Strecke war zunächst eingleisig, die Geschwindigkeit lag aber mit dreißig Kilometern pro Stunde schon wesentlich über der der Pferdebahn. Auch hier erfolgte 1905 der zweigleisige Ausbau bis Tegel, zusätzlich wurden die Schienen auf einen Damm höher gelegt, so dass die Züge keine Straßen mehr kreuzten; jetzt brauste die Bahn ungebremst mit fünfzig Sachen nach Tegel.

Noch während des Baus des Borsigwerks ließ sich Ernst Borsig 1896 in die Gemeindevertretung wählen. Dort machte er Druck für die Elektrifizierung der Pferdebahn und sagte eine finanzielle Beteiligung zu. Erst 1900 gelang diese Umstellung. Nun musste die Große Berliner Pferde-Straßenbahn-Gesellschaft die Pferde auch aus ihrem Namen streichen. Der neue Name prangt heute auf dem erhaltenen und sanierten Verwaltungs- und Wohngebäude des Straßen-Bahnhofs in der Tegeler Schlossstraße.

Aber am wichtigsten war die Tatsache, dass die Fahrt mit der »Elektrischen« nach Tegel nur noch zehn Pfennige kostete! An einem Sonntag, dem 24. Mai 1914, nutzten 74.670 Menschen die Möglichkeit, mit ihr nach oder von Tegel zu fahren. Hinzu kamen noch 12.281 Passagiere der Eisenbahn.[44]

Damit stand dem Zustrom der Massen nach Tegel nichts mehr im Wege – und dem Zuzug! Der Wohnungsbau nahm einen gewaltigen Aufschwung, Tegels Einwohnerzahl steigerte sich von 1.731 im Jahr 1885 auf 18.752 im Jahre 1910 und überrundete damit die von Wittenau.

1913 entschlossen sich die Gemeinden Heiligensee und Konradshöhe, eine Straßenbahn von Tegel nach Heiligensee und nach Tegelort zu bauen, obwohl die Bank das Vorhaben für zu riskant hielt und nicht finanzieren wollte. Tatsächlich nahmen die Bürger die Strecke so gut an, dass die Gemeinden ihre Kredite bald abzahlen konnten.

Der »König von Tegel«

Auf einer Karte von 1875 (»Karte der nordwestlichen Umgebung von Berlin«, Nachdruck)[45] erkennt man die fortgeschrittene Bebauung Tegels: An der Hauptstraße (heute: Alt-Tegel) liegen nur noch auf der nördlichen Seite hin zur Kreuzung mit der Berliner Straße ein paar unbebaute Grundstücke. Auch an der Schlossstraße stehen links und rechts Häuser. Eine weitere Expansion des Ortes fand entlang des Seeufers in Richtung Eisenhammer, also nach Süden, statt. Allerdings handelte es sich bis 1900 an der Hauptstraße fast ausschließlich um eingeschossige Häuser.

Ein Jahr zuvor hatte Tegel eine enorme Aufwertung erfahren: Es wurde aus dem Amtsbezirk Spandau ausgegliedert und zum eigenen Amt Tegel; dieses Amt Tegel reichte nun von der Havelbrücke bei Hennigsdorf (Neubrück) bis nach Plötzensee an die Seestraße (heute Wedding) – umfasste also neben der Gemeinde Tegel auch die Gemeinde Heiligensee (mit Konradshöhe, Jörsfelde – heute als eigener Ortsteil nicht mehr existent – und Tegelort), den Gutsbezirk Schloss Tegel (mit Hassel-, Reiher-, Lind- und Baumwerder sowie Scharfenberg), die königlichen Gutsbezirke Tegel-Forst Nord (mit Schulzendorf, Forsthaus Tegelsee und Tegelgrund) und Tegel-Forst Süd (mit Jungfernheide und Saatwinkel) und dem königlichen Gutsbezirk Plötzensee. Mit diesem Gutsbezirk gehörten zum Amt Tegel auch ein regionales Zentrum des Brauereiwesens und die Königliche Strafanstalt Plötzensee.

Ein erst sechsundzwanzig Jahre junger Mann wurde Amtsvorsteher: Ludwig Brunow. Neun Jahre später legte der letzte Dorfschulze sein Amt als Gemeindevorsteher nieder, die alten dörflichen Befugnisse entsprachen nicht mehr der Entwicklung zur Vorstadt Berlins. An die Stelle des Dorfschulzen trat ein »Ortsvorsteher« und Brunow übernahm auch diesen Posten.

In Tegel wohnten 1883 nur 1.200 Einwohner; als Brunow 1903 sein Amt niederlegte, waren es 9.000. Wenig ist aus alten Dokumenten über die Person Brunows zu erfahren – außer dass er wohl »durchregierte« und deshalb auch gern »König von Tegel« genannt wurde, enorm arbeitsam gewesen sein muss und – nach dem Urteil seiner Zeitgenossen – seine Aufgaben beim Aufstieg Tegels über zwanzig Jahre hinweg bravourös gemeistert hat.

1874 kauften der Fuhrunternehmer Veit und der Bankier Schlieper großflächig Land von Bauern auf; sie spekulierten trotz Gründerkrach und Depression auf hohe Erträge aus Vermietungen; vielleicht setzten sie auf einen neuen Aufschwung, der auch den Vorort Tegel erreichen könnte. 1880 errichteten sie Landhäuser auf bisherigem Ackerland, Veit im Medebacher Weg 17–19, Schlieper in der heutigen Veitstraße 17. Dann stiegen sie in den Mietwohnungsbau ein. Auf eigene Kosten legten sie bereits 1874 auf ihrem Grund und Boden jeweils eine Straße an, die dann nach ihnen benannt wurde.

Im selben Jahr wurde in der Veitstraße das Amtsgebäude samt Gefängnis errichtet. Als weitere Immobilienkäufer und -entwickler betätigten sich der Fabrikbesitzer Schering, der Maurermeister und Bauunternehmer Hermann Valtink und der Schankwirt und ehemalige Gutskutscher Hanuschke.

Aber für einen richtigen Immobilienboom in Tegel fehlte die Infrastruktur. Noch fuhren die Tegeler Bauern mit Ochsengespannen auf dem sandigen Sommerweg nach Berlin, sie mussten die gepflasterten Wege meiden, weil die Räder noch keine Gummireifen hatten und die Eisenreifen von den Steinen leicht beschädigt wurden. Ortsvorsteher Brunow scheint die Mängel sofort erkannt zu haben und machte sich ans Werk: Straßen wurden gepflastert und beleuchtet, das Schmutzwasser wurde in unterirdischen Kanälen abgeleitet und geklärt. Vor allem aber benötigte man gute und regelmäßige Verkehrsverbindungen nach Berlin. Schlag auf Schlag ließ Brunow Infrastrukturbetriebe bauen: ein Gaswerk für Heizung und Beleuchtung

(1896), ein Entwässerungswerk und eine Kläranlage (1898) sowie das Gemeinde-Wasserwerk, das auch die Königliche Strafanstalt versorgte (1898). Eine freiwillige Feuerwehr nahm schon 1889 ihre Arbeit auf. Besonders der Bau des Wasserwerks erwies sich als lukrativ: Die Strafanstalt zahlte zehn Pfennige pro Kubikmeter; so erzielte die Gemeinde 1913 bei Ausgaben von rund 66.000 Mark einen Gewinn von über 15.000 Mark!

Die Schlossherrin von Tegel, Constanze von Heinz, plante einen exklusiven Bezirk mit Einlasskontrolle, Brunow schrieb dem Gut vor, dass die Wege zu den Grundstücken öffentlich zugänglich und beleuchtet sein müssten. Reinhold von Heinz, Sohn der Schlossherrin, rächte sich, indem er den Ortsvorsteher mit Kleinigkeiten beschäftigte: Ein Kolonist hatte zu dicht am Zaun gebaut, da sollte der Ortsvorsteher einschreiten … »Kampf der Könige« nannten es die Tegeler. Ein Prozess zog sich jahrelang hin, in dem sich das Gut gegen Brunow wehrte – vergeblich.

Tegels Einwohner scheinen sich nur zähneknirschend den Diktaten ihres »Königs« Brunow gebeugt zu haben, besonders wenn es etwas kostete. Das zeigte sich auf der Feier zur Einweihung des Wasserwerks und der Klärstation zu Tegel 1898:

> »Schimpft mancher auch, der bluten muss –
> Freund Brunow hat stets drauf gehust't.
> Er sagt: Nun könnt ihr bauen,
> Bald werden um die Baustell'n sich
> Die Speculanten hauen.«[46]

So stellte es sich vielen Einwohnern dar: Brunow rollte den Spekulanten einen roten Teppich aus. Man kann aber auch sagen: Brunow tat alles, um Tegel für Investoren attraktiv zu machen. Er schuf gemeinsam mit der Gemeindeverwaltung die Rahmenbedingungen für den weiteren Aufstieg des ehemaligen Dorfes.

In russischer Erde

1892 erwarb die russische Bruderschaft des heiligen Fürsten Wladimir, ein 1890 an der russischen Botschaftskirche gegründeter Wohltätigkeitsverein, von einem Dalldorfer Bauern ein 1,8 Hektar großes Grundstück an der heutigen Wittestraße 37, um hier einen russisch-

Die russische St.-Konstantin-und-Helena-Kirche in der Wittestraße

orthodoxen Friedhof und eine Kirche zu bauen. Die St.-Konstantin-und-Helena-Kirche diente auch als Friedhofskapelle. Der Kirchenbau erinnert mit seinen orthodoxen Kreuzen und den fünf zwiebelförmigen Kuppeln an die Basilius-Kathedrale in Moskau. Aber sie wurde von dem deutschen Architekten Albert Bohm entworfen.

Der Friedhof ist streng geometrisch angelegt, die Kirche befindet sich in der Mitte. Sie ist von einer kreisförmigen Fläche umgeben, damit die Prozession mit dem Sarg gemäß der orthodoxen Zeremonie die Kirche dreimal umrunden kann. Für die Grabfelder ließ Zar Alexander III. viertausend Tonnen russische Erde per Eisenbahn anliefern und in einer fünf Zentimeter dicken Schicht verteilen, damit die Toten in russischer Erde ruhten.

Besonders nach der russischen Revolution von 1917 und dem anschließenden Bürgerkrieg wurden namhafte Adlige, Offiziere, Wissenschaftler und Künstler hier bestattet. Grabsteine erinnern an den Vater des berühmten Filmregisseurs Sergej Eisenstein und an den des Schriftstellers Vladimir Nabokov. Ein größeres Denkmal hat die sowjetische Besatzungsmacht dem großen russischen Komponisten Michael Glinka gewidmet, der zwar in Berlin starb, aber nicht hier begraben liegt.

Stutzen lässt den Besucher das Todesdatum an Kindergräbern: Kinder sowjetischer Zwangsarbeiterinnen aus einem Lager ganz in der Nähe, die an Typhus starben. Auch einfache Grabplatten ohne einen Verweis auf den orthodoxen Glauben finden sich auf dem Friedhof, nämlich auf Gräbern sowjetischer Militärs aus dem Zweiten Weltkrieg. Vor allem Kriegsgefangene liegen hier; in der Liste der Bestatteten tauchen auch Kriegsgefangene aus dem Ersten Weltkrieg auf, und ein Denkmal erinnert an russische Soldaten, die in jenem Krieg für ein »großes Russland« fielen. Mehrere neuere Grabsteine weisen auf jung gestorbene Frauen hin. In einem Fall berichteten Zeitungen, dass eine ausstiegswillige Frau von ihrem Zuhälter erstochen wurde.

Erst 2006 erhielt die russische Bruderschaft Friedhof und Kirche wieder als ihr Eigentum.

In dem überdachten Eingangstor hängen neun Glocken; sie waren von deutschen Truppen während des Zweiten Weltkrieges in der Sowjetunion geraubt worden.

Dr. Havelmüllers Laube

Tegel hatte seit Beginn des 19. Jahrhunderts einen Ruf als Ausflugsort mit schöner Umgebung. Nach dem Brand von 1835 mieteten Berliner sich bei Einheimischen in Tegel wie in einer Sommerfrische ein, um der Hektik der Großstadt zeitweise zu entfliehen. Das tat 1870 auch eine junge Frau Jacobsen, während ihr Mann im »Seeschlösschen« zu sommerlicher Erholung logierte, in einem Restaurant mit Seeblick, Tanzsaal und Dampferanlegestelle am Nordende des heutigen Borsig-Hafens.

Dr. Emil Jacobsen saß im Aufsichtsrat der Firma Schering und war wissenschaftlicher Beirat der Firma. Auch unterhielt er ein eigenes Laboratorium, in dem er Chemikalien für den Handel herstellte. Er hatte das Chinolingelb erfunden, es wird noch heute als Lebensmittelfarbstoff eingesetzt. Auch Thiol erfand Emil Jacobsen als Heilmittel gegen Rheuma. Da Thiole starke Geruchsstoffe sind – sie werden bei Faulprozessen organischer Stoffe frei –, mischt man sie mit brennbaren, aber geruchlosen Gasen, damit Menschen durch den Geruch gewarnt sind. Diese und andere Erfindungen und Patente machten Jacobsen wohlhabend.

Um 1885 pachtete er eine Parzelle am Tegeler See und baute sich dort eine Laube. Es scheint nicht recht zusammenzupassen: der Laubenpieper und der Aufsichtsrat. Vom Laubenpieper stammt der Reim:

>»Protzen schmoren in Palästen,
>Freude wohnt in Bretterkästen.«

Und:

>»Dort draußen auf dem Tegeler See,
>Da kochte sich der Segler Tee.«

Heinrich Seidel überlieferte, wie ein Dörfler seinen Kindern den reichen Mann im Gemüsebeet zeigte und sie warnte: »Seht diesen reichen Mann … er könnte alle Tage Austern und Kapaunen essen, aber er lebt wie ein Hund und schläft in einer Bude schlechter als ein Ziegenstall. Seht, Kinder, dazu führt der Geiz!«[47]

Jacobsens Laube diente als »Reimsalon«, der Garten als Reimgarten. Er hatte mit Freunden den Allgemeinen Deutschen Reimverein gegründet, in dem sie das Reimen als vergnüglichen Freizeitsport betrieben und professionelle Reimer verspotteten. Schon als Student goss er den chemischen Lehrstoff in Verse, um ihn einprägsam zu gestalten.[48]

Jacobsens Band *Der Reactionär in der Westentasche* war so erfolgreich, dass auf ihn noch im gleichen Jahr eine »romantisch-phantastisch-pharmaceutisch-medicinische Oper« folgte sowie *Die Verlobung in der Bleikammer. Chemische Verbindungs-Comödie in einem schwefelsauren Act.* Wenn Jacobsen als Chemiker nicht so erfolgreich gewesen wäre, könnte man meinen, er hätte sich hauptberuflich mit dem Abfassen heiterer Literatur beschäftigt. Sogar ein Couplet hat er verfasst: »Das mag ja 'n Genuss sein, aber ich danke dafür«. 1884 organisierte er zur Erinnerung an die Abwehr der Hussiten in Bernau ein großes Stadtfest, zu dem seine Berliner Künstlerfreunde verkleidet anmarschierten und die Dörfer unsicher machten. Jacobsen trat als Hussitenführer Prokop auf – im Bärenfell und eine Keule schwingend.

Trotz des Lobs auf sein Laubenpieper-Leben am Tegeler See ließ er 1892 auf einem Grundstück mit schönen alten Kiefern in der Bauernheide eine Villa errichten, die er »Reimschmiede« nannte. Nach dem Tod seiner Frau gab er sich hier bei der Betrachtung der Sonnenuntergänge über dem Tegeler See der Melancholie hin. Sieben Jahre später musste seine Laube der Gaswerksplanung weichen.

Heinrich Seidel hatte Emil Jacobsen als lustigen, ein wenig schrulligen Dr. Havelmüller in seinem Buch *Leberecht Hühnchen* verewigt. Nach dieser Jacobsen nachempfundenen Figur sind die Havelmüller-Grundschule und der Havelmüllerweg in Tegel und der Jacobsenweg in Borsigwalde benannt.

Ausflugsdampfer: Der Kampf ums Monopol

Ein Spekulant war es, der wesentlich zur Entwicklung der Erholungslandschaft Tegeler See beitrug. Paul Haberkern hatte mit dem Bau von Mietskasernen am Schlesischen Tor in Berlin viel Geld verdient. Nun legte er es auf einer Insel an: Auf Valentinswerder im Tegeler See ließ er eine Landhaussiedlung für den gehobenen Bedarf bauen – Sommervillen. Natürlich würde das Geschäftsmodell nur funktionieren, wenn er die Interessenten mit einer regelmäßigen Schiffsverbindung auf die Insel bringen konnte. Also installierte Haberkern 1875 eine eigene Dampfschifffahrtslinie von Spandau nach Valentinswerder. Um sie rentabel zu führen, verlängerte er sie für den Ausflugsverkehr nach Saatwinkel und Tegel. »Sophie« und »Eugen« hießen seine beiden Dampfer, »Sophie« bot über hundert Fahrgästen Platz.

In Tegel baute man 1875 eine Dampferanlegestelle, direkt vor dem ein Jahr später errichteten Restaurant »Seeschlösschen«. Aber man vergaß eine Laterne – abends mussten die Fahrgäste im Dunkeln ihren Weg zum Dampfer finden. Obwohl sich schon vereinzelt Berliner in eine Tegeler Sommerwohnung beim Bauern einmieteten, hatte bislang niemand an eine touristische Entwicklung des Dorfes gedacht. Man vertraute darauf, dass die Berliner schon ihren Weg finden würden, wenn sie die Tegeler Dorf-, Schloss- und Seeidylle genießen wollten.

Ludwig Stinde schilderte um 1880, wie sich Familie Buchholz aus der Landsberger Straße nach Tegel in die Sommerfrische begab. Schon kurz nach der Ankunft spazierten Mutter und Tochter am Seeufer entlang, wurden aber von Mückenschwärmen überfallen. Sie schneiderten sich aus Musselineballröcken Moskitonetze, in die sie sich hüllten und die sie wie »egyptische Schleiergewänder« trugen – geschmückt mit Blättern und Feldblumen. Die Einheimischen spotteten über die Gespensterfamilie, aber Mutter und Tochter zeigen sich über die »lächerlichen Vorurtheile« der ländlichen Bevölkerung »hoch erhaben«.[49]

Ausflugsverkehr an der Tegeler Dampferanlegestelle

Einer jedoch vermochte Haberkerns Dampfschiffen die Stirn zu bieten: Ab 1881 bot Karl Holz, ein Werkmeister der Germania-Werft, auf dem alten Raddampfer »Stern« (300 Plätze) Ausflüge auf dem Tegeler See an – eine entscheidende Bereicherung für den Ruf Tegels als Ausflugsziel. Allerdings schien der Raddampfer zu groß und unflexibel gewesen zu sein, Holtz musste mit ihm hin und her manövrieren, um die Scharfenberger Enge zu durchqueren. In den nächsten Jahren kaufte er vier neue oder fast neue, nun allerdings kleinere Schiffe mit rund 100 Plätzen. Als er 1886 die »Stern« ausmusterte, verfügte er immer noch über die Kapazität der »Stern« – verteilt auf flexiblere kleinere Dampfer.

Langsam drängten auch andere Unternehmer in den Markt der Ausflugsschifffahrt. Einen Coup landeten die drei Schiffseigner Georg Amussat und Ewald Frost aus Spandau und Hermann Hille aus Tegelort. Sie gründeten 1901 mit ihren eigenen Schiffen die »Spandauer Dampfschiffahrts-Gesellschaft Oberhavel und Tegeler See« mit Sitz in Tegelort und übernahmen die Haberkernsche »Spandauer Dampfschiffahrts-Gesellschaft«. Sie wollten ihren alteingefahrenen Konkurrenten Holtz vom Markt drängen. Von Anfang an setzten sie dabei auf Größe, jetzt gab es einen Markt für größere Dampfer. Holtz hielt an seiner Erfahrung mit der »Stern« fest und schätzte solche als unrentabel ein. Die beiden Dampfer der neuen »Spandauer« Reederei »Neptun« und »von Ziethen« boten jeweils fast 200 Passagieren Platz. Die immer noch verbreitete Meinung, Amussat, Frost und Hille hätten modernere und sichere Schiffe geboten, Holtz hingegen alte, klapprige und unsicherere, hält den Tatsachen nicht stand: Die »von Ziethen« war 1901 bereits zwölf Jahre alt, die »Neptun« sogar 24! Von den Holtz-Dampfern wies nur der »Ländler« mit 31 Jahren ein höheres Alter auf, ansonsten unterschieden sich die Konkurrenten im Hinblick auf das Alter ihrer Schiffe kaum. Aber Amussat, Frost und Hille erweiterten nahezu jährlich ihren Fuhrpark, während Holtz auf Erweiterungen verzichtete. 1906 konnte er den 356 Plätzen der »Sophie Charlotte« seiner Konkurrenten nichts annähernd Gleichwertiges mehr entgegensetzen.

Die Drei von der neuen »Spandauer« sollen über einen guten Draht zur Presse und zur Verwaltung verfügt haben, deshalb ist bei manchen überlieferten Geschichten von absichtlich herbeigeführten Kollisionen auf offener See mit Schiffsuntergängen Vorsicht angebracht, es könnte sich um vorsätzlich gestreute Gerüchte und Falschmeldungen im Konkurrenzkampf handeln. Zum Beispiel sank am 23. August 1902 die Holtzsche »Grebin« nach einer Kollision (nach Hebung und Restaurierung fuhr sie ab 1903 unter dem Namen »Schwalbe«). Nach dem Unglück scheint von interessierter Seite verbreitet worden zu sein, die Schiffe seien unsicher; angeblich mieden daraufhin die Menschen die Holtzschen Seelenverkäufer.

Amussat, Frost und Hille erreichten bei der Gemeinde Tegel, dass diese vor dem Restaurant »Strandschloss« (verkehrsmäßig günstiger gelegen als die Holtzsche Anlegestelle in Höhe der Veitstraße) zwei neue Anlegebrücken baute. Sie unterschrieben den neuen Pachtvertrag, Holtz sollte es auch, er weigerte sich aber und wollte seine bisherige Anlegestelle behalten. Da verriegelte die Gemeinde ihm den Zugang mit einem Drahtzaun. Dieses Vorgehen löste heftigen Unmut bei Teilen der Bevölkerung aus, man fürchtete wohl ein Dampfermonopol, wenn Holtz verschwinden würde. Eines Nachts war der Drahtzaun eingerissen. Rebellion gegen die Monopolbildung auf dem Tegeler See! Allerdings eine erfolglose.

Holtz musste 1907 aufgeben. Jetzt hatten Amussat, Frost und Hille ihr Ziel erreicht: eine marktbeherrschende Stellung. Vielleicht sahen sie nun einen günstigen Zeitpunkt gekommen, um ihre nunmehr 18 Schiffe (darunter bereits zwei Motorboote) für über eine halbe Million Mark zu verkaufen. Oder sie wurden das Opfer einer feindlichen Übernahme. Die größte Reederei Berlins, die »Spree Havel Dampfschiffahrts-Gesellschaft Stern« (SHDG Stern) war der Investor. Die »Stern« befuhr bislang Routen in der Stadt Berlin, auf dem Müggelsee, dem Wannsee und in Potsdam und beförderte 1906 rund 1,5 Millionen Menschen. 1908 kamen gut 1,1 Millionen auf dem Tegeler See hinzu! Nun verfügte die »Stern« mit 61 Dampfern und neun Motorbooten über eine marktbeherrschende Stellung in Berlin und Umgebung.

Nach der Übernahme der »Spandauer« nutzte die »Stern« ihr Quasi-Monopol auf dem Tegeler See und an der Oberhavel aus und erhöhte die Preise. Vielnutzern bot sie allerdings ein verbilligtes Abonnement an. Manche Ratsherren in Tegel grummelten zwar wegen der Preiserhöhung, jedoch setzte sich folgende Meinung im Rat durch: Von der Preiserhöhung sind die Berliner Ausflügler betroffen; wenn sie deswegen länger in Tegel bleiben, kann uns das nur recht sein.[50]

Gegen Ende des Ersten Weltkriegs scheint der Ausflugsverkehr auf dem Tegeler See vollständig eingestellt worden zu sein. Erst 1924 wurde er in altem Umfang wieder aufgenommen. Der »Stern« erwuchsen in den Folgejahren kleinere Konkurrenten. 1933 musste sie Konkurs anmelden; ihre Schiffe übernahm 1934 die »Teltower Kreisschifffahrt« der Teltowkanal-AG, die sich nun »Stern- und Kreisschifffahrt« nannte.

Ein Dampfer brachte es zu mindestens berlinweiter Berühmtheit: das 1886 in Stettin gebaute Doppelschraubendampfschiff »Hertha«. Willi Lindner erinnerte sich an seine Dampferfahrt auf der Havel mit der »Hertha« und nannte den von den Brüderpaaren Lindner und Lorenz gegründeten Fußballverein Berliner Fußball Club Hertha 1892; selbst die Vereinsfarben Blau und Weiß zierten schon den Schornstein des »Hertha«-Dampfers. Übrigens: Die Wasser-Hertha verrichtet immer noch brav ihre Dienste – nicht in Tegel, sondern auf der Kyritzer Seenkette. Zu DDR-Zeiten lag sie schon bereit zum Abwracken (letzter Name des Schiffs nach dem Gruß der Jungen Pioniere: »Seid bereit!«); die Firma Dentler kaufte das marode Dampfschiff und rüstete es 1970/71 zum Motorschiff um – mit nachhaltigem Erfolg.

GROSSINDUSTRIE UND BAUBOOM

Um 1890 schien Tegel ein beschaulicher Vorort Berlins zu sein, der vor allem mit Kultur und Natur lockte. Anderswo schritt die Industrialisierung mit großen Schritten voran. Tegel bekam es zu spüren: 1890 gewann der Sozialdemokrat Arthur Stadthagen das Reichstagsmandat des Kreises Niederbarnim, obwohl die Sozialistengesetze mit ihren Verboten erst nach der Wahl aufgehoben wurden. Die Industrie benötigte die Arbeiter, und die Arbeiter sahen sich zunehmend politisch durch die Sozialdemokratische Partei vertreten. Diese Entwicklung würde in den kommenden Jahren Tegel erreichen, auch wenn hier Gemeindevertretung und die örtliche Zeitung *Tegeler Anzeiger* stramm national und konservativ ausgerichtet waren.

Borsig baut in Tegel

Mitten in die Amtszeit des Ortsvorstehers Brunow fiel der endgültige Aufschwung Tegels, der auf einen mächtigen Investor zurückging, der ein großes Grundstück kaufte, Arbeitsplätze schuf und Steuern in die Gemeindekasse spülte. Genauer gesagt war es ein Investorenpaar: die Brüder Ernst und Conrad Borsig.

Hintergrund der Randwanderung Borsigs von Moabit und der Chausseestraße nach Tegel war der marode Zustand der Firma. 1860 waren 2.013 Arbeiter bei Borsig beschäftigt und das Unternehmen damit zum größten industriellen Arbeitgeber Berlins aufgestiegen. Auch blühte das Geschäft während des deutsch-französischen Krieges 1870/71 kräftig auf. Borsig lieferte an die preußische Marine Torpedos und in großen Mengen Seeminen und an die deutsche Artillerie Lafetten für Kanonen, Haubitzen und Mörser.[51] Ebenso kräftig aber brach das Geschäft nach dem Gründungsfieber, das wesentlich durch die enormen französischen Kriegskontributionen angefacht wurde, wieder zusammen – es folgten Gründerkrach und große Depression in den

Bohren einer Kesseltrommel
im Borsigwerk

Jahren 1875 bis etwa 1890. Preußen verstaatlichte die meisten seiner Eisenbahnen und reduzierte die Bestellung neuer Lokomotiven. Während Borsig 1874 noch 181 Loks herstellte, waren es vier Jahre später nur noch 76; 1886 musste Borsig seine Lokomotivproduktion in der Chausseestraße aufgeben, in Moabit wurde sie in geringem Umfang – mit 17 Loks 1887 – weitergeführt. Borsig entließ viele Arbeiter, die restlichen waren nur noch in Teilzeit beschäftigt.

Nach dem Tod des Firmenchefs Albert Borsig 1878 mit erst 49 Jahren führte ein Konsortium treuhänderisch den Betrieb – beinahe in den Abgrund. 1886 kündigte die Firma an, den Lokomotivbau einzustellen. 1894 übernahmen die drei Söhne Arnold, Conrad und Ernst die Leitung.

Arnold (er starb 1897 bei einem Grubenunglück im schlesischen Borsig-Werk) und Ernst Borsig reisten selbst umher und schickten ihre Ingenieure in die Welt, um zu studieren, wie man moderne Fabrikanlagen baut. Die alten Fertigungsstätten in Moabit ließen sich nicht mehr erweitern. Das neue Gelände musste größer sein und vor allem billig, billiger als in der Stadt. So verfielen die Brüder Borsig auf Tegel. Hier gab es den Egellsschen Eisenhammer, der inzwischen Germania-Werft hieß. Die Brüder Borsig kauften noch im Jahr 1894 gut 22 Hektar

Gießer im Borsigtor, aus der Mitte des 19. Jahrhunderts (Kopie)

Land zwischen Tegeler See und Berliner Straße (damals noch Tegeler Chaussee) für 687.000 Mark, 14 Hektar bebauten sie mit dem neuen Werk. Auf dem unbebauten Gelände zum See hin entstand lediglich eine »Ablage«, also ein Hafen.

Die einzelnen Hallen wurden gemäß der Abfolge in der Fertigung angeordnet, angefangen vom Hafen im Westen bis zum Abtransport der fertigen Lokomotiven und anderen Großteile per Schiene im Osten über ein Nebengleis des Tegeler Bahnhofs. Die internen Wege legten sie rechtwinklig an, das heißt orientiert an einer zentralen West-Ost-Achse (von den Arbeitern bald liebevoll-spöttisch »Unter den Linden« genannt) und ungeachtet der in einem schrägen Winkel dazu verlaufenden Tegeler Chaussee, der heutigen Berliner Straße. Im Tor wachten, damals wie heute, Skulpturen des »Schmieds« und des »Gießers«, die man aus der Chausseestraße in Berlin mitgebracht hatte, außergewöhnliche Denkmale aus der Mitte des neunzehnten Jahrhunderts, als für gewöhnlich nicht Arbeiter, sondern Könige und Generäle in Stein gemeißelt oder in Zink gegossen wurden.

Das die Berliner Straße querende Industriegleis wollte Ortsvorsteher Brunow nur genehmigen, wenn die Waggons von Mensch oder

Pferd bewegt würden. Borsig versprach in seiner Antwort eine Höchstgeschwindigkeit von 10 km/h bei Maschinenbetrieb – und bekam seine Genehmigung. Mit den Lokomotivkönigen konnte sich der Ortsvorsteher nicht anlegen wie mit der Schlossherrin.

Typhus in Borsigwalde

Für den gewaltigen Werksaufbau in Tegel fehlte es an Arbeitskräften. Die Borsigs setzten alles dadran, um Wohnungen für ihre Arbeiter und »Beamten« (sprich: Angestellte) zu bauen; sie initiierten Ende 1898 die Gründung der Terraingesellschaft Tegel GmbH, die 1899 fast 53 Hektar auf dem Gebiet Dalldorfs (ab 1905: Wittenau) kaufte. Sie durften die neue Wohnsiedlung (damals: »Kolonie«) Borsigwalde nennen.

Die zunächst beauftragte Berliner Baugenossenschaft erstellte zügig 35 Häuser – ein indirekter Werkswohnungsbau. Die Baugenossenschaft stimmte aber die Planung und die Belegung der Wohnungen mit Borsig ab. Von den ersten Bewohnern wurden und werden idyllische Bilder in ihren Gärten gezeigt. Anders sah es der Bürovorsteher im Rathaus Dalldorf: »...80 Mietskasernen, auf 3000/4000 Einwohner berechnet; dazu keine Wasserleitung, keine Kanalisation, keine »Abfuhr«, bei jedem 5ten Haus ein flacher Abessinerbrunnen. Alles was der Mensch nach der Natur der Dinge nicht bei sich behalten kann, wird jetzt im 3ten Jahr auf den Grundstücken hinter den Häusern verbuddelt ...«[52]

Das Rathaus schickte den Borsigs eine ortspolizeiliche Anordnung, diese hygienischen Missstände zu beseitigen, worüber Ernst Borsig sich bitterlich beschwerte. Erst ein Typhusfall in Borsigwalde ließ ihn verstummen. Vermutlich sickerten die Fäkalien in Wasser führende Schichten durch und gelangten über die primitiven Brunnen ins Trinkwasser. Der Kreisarzt ließ die Brunnen schließen und schickte das Reichsgesundheitsamt.

Die ersten Häuser erkennt man noch heute daran, dass sie sieben Meter schmal sind, so in der Räuschstraße 31–36 und 45–49; sie verfügten neben dem Treppenhaus nur über zwei Fenster pro Etage.

Dahinter verbarg sich die Familienwohnung von 54 Quadratmetern mit einem Zimmer plus Schlafraum und Küche. Aber die Nachfrage nach Wohnungseigentum hielt sich in Grenzen, obwohl Borsig erste Hypotheken vergab. Also setzten die Borsig-Brüder gleichzeitig auf

Hauptstraße in Tegel (nach Westen, heute: Alt-Tegel) mit überwiegend eingeschossiger Bebauung, um 1900

Mietwohnungsbau; sie errichteten selbst als Bauherren Werkswohnungen in 39 dreigeschossigen Mietshäusern mit unterschiedlich großen Wohnungen. Baubeginn war ebenfalls 1899, auch hier betrug die Bauzeit nur wenige Monate. 29 bis 51 Quadratmeter waren für die einfache Arbeiterfamilie mit zum Teil fünf Kindern vorgesehen (Räuschstraße 58), bald gab es zwei Toiletten pro Geschoss auf dem Treppenpodest; die Toilette war häufig der einzige ruhige Ort. Obwohl die Mietpreise etwas unter denen in Tegel lagen, konnte nur die Hälfte der Wohnungen an Borsigarbeiter vermietet werden. Trotzdem wohnten ein Jahr später bereits 2.000 Menschen in Borsigwalde. Die Mitarbeiter wollten sich nicht zu sehr an die Firma ausliefern und im Falle einer jederzeit möglichen Kündigung auch die Wohnung verlieren.

Das große Brachgelände in der Nähe der Wohnsiedlung verlockte zur Immobilienspekulation. Die Terraingesellschaft Tegel wollte hier neben dem Wohnungsbau ein ganzes Industriegebiet entwickeln. Um das dafür benötigte riesige Gelände ankaufen zu können, wandelten die Gesellschafter 1899 ihre Firma in eine Aktiengesellschaft um. Schon im Jahr ihrer Gründung besaß die »Borsigwalder Terrain-Aktiengesellschaft« 160 Hektar Fläche. Die Borsigs waren an der AG mit knapp zehn Prozent beteiligt.

Bei solchen Grundstücksgeschäften ließen sich angesichts der Expansion der Berliner Industrie hohe Gewinne erzielen. Ab 1906 siedelten sich immer mehr Industriebetriebe in Borsigwalde an. Nur das größte Projekt schlug fehl: die AEG in die unmittelbare Nachbarschaft Borsigs zu holen. In Tegel hatte man bei einer Ansiedlung der AEG mit einem mittelfristigen Anstieg der Einwohnerzahl – und somit der Steuerpflichtigen! – um 20.000 bis 30.000 und mit einem lukrativen Anstieg der Grundstückspreise gerechnet. Doch die AEG ließ sich nicht zur Umsiedlung nach Tegel verlocken. – Nach dem Ersten Weltkrieg brach der Immobilienmarkt zusammen. Die Borsigs versuchten durch Übernahme von Grundstücken die Borsigwalder Terrain-AG zu retten, aber 1923 konnten sie den Bankrott nicht mehr aufhalten.

Genossen Siedler: Die »Freie Scholle«

Parallel zur Ansiedlung Borsigs in Tegel entwickelten sich Bestrebungen Gustav Lilienthals, Bruder des Flugpioniers Otto Lilienthal, eine Siedlungsgenossenschaft aufzubauen. Die Wohnungssituation der arbeitenden Menschen in Berlin (und nahezu überall, wo die Industrie hinzog) schrie zum Himmel: Mietskasernen, horrende Überbelegung, katastrophale hygienische Verhältnisse. So gab es erste Impulse für Wohnungsbaugenossenschaften, die aber durch die rechtliche Festlegung einer unbeschränkten Haftung stranguliert waren. Erst 1889 ermöglichte das Genossenschaftsgesetz die beschränkte Haftung, und es entstand eine gemeinnützige Wohnungsbauwirtschaft, die zudem günstige Kredite der neuen Versicherungsanstalten (für Alter und Invalidität) erhielt.

Gustav Lilienthal und seine Genossen strebten eine Bau-, Konsum- und Produktionsgenossenschaft an, im Grunde eine utopische Siedlung nach eigenen Wirtschaftsgesetzen. Gustav Lilienthal wollte »dem kapitallosen Arbeiter die Vorteile der Kapital besitzenden Mitbürger«[53] verschaffen. Jeder Genosse sollte ein Einfamilienhaus mit Garten in Erbpacht erhalten. Lilienthal orientierte sich an der sozialen Utopie Theodor Hertzkas, die dieser in seinem Buch *Freiland* niedergelegt hatte. Teile der Genossenschaftsbewegung verstanden die Bodenreform als dritten Weg zwischen Kapitalismus und Kommunismus. Umgekehrt lehnte die Sozialdemokratie solche Wohnungsbaugenossenschaften ab, weil der Arbeiter nicht an eine Scholle gebunden sein, sondern im Hinblick auf Streiks und Entlassungen freizügig bleiben sollte.

1895 wurde Lilienthals Genossenschaftssiedlung »Freie Scholle« gegründet. Die Genossen planten neben Einfamilienhäusern auch einen Kindergarten, ein Gemeinschaftshaus und Werkstätten – für den sozialen Zusammenhalt und ganz im Sinne der »Freiland«-Utopie. Ein erstes Projekt in Lichterfelde scheiterte, aber mit dem Vorkaufsrecht konnten die Genossen ironischerweise einen spekulativen Gewinn einstreichen, denn das Gelände dort wurde für den Bau des Teltowkanals benötigt.

Nach zwei Jahren Grundstückssuche gelang es endlich, einen Geländestreifen zwischen dem Lübarser Weg (heute: Waidmannsluster Damm) und dem Tegeler Fließ zu kaufen und 1900 mit dem Bauen zu beginnen. Das billigste Bauland gab es nur weit außerhalb Tegels in den Feldern, am Waldrand und ohne jeden Verkehrsanschluss. Wer von den Bewohnern der »Freien Scholle« im neuen Borsigwerk arbeitete, hatte noch Glück, sein Fußmarsch zur Arbeit hielt sich mit rund drei Kilometern in Grenzen, war aber besonders im Winter auf ungepflasterten und unbeleuchteten Wegen nicht angenehm.

Grundbesitzerverein, Gemeinde und Kirchenvorstand in Tegel stemmten sich gegen die »Sozialisten- und Arbeitersiedlung« vor ihrer Haustür. Der Grundbesitzerverein fürchtete, dass die Grundstückspreise in Tegel wegen der neuen »roten« Siedlung ins Bodenlose fallen würden. Seit 1890 sahen sie die Gefahr durch das gemeine Volk wachsen, das nicht mehr am Gängelband konservativer, katholischer oder liberaler Parteien ging, obwohl das Sozialistengesetz mit seinem Verbot der Sozialdemokratie noch bestand. 1890 siegte der Sozialdemokrat und Jurist Arthur Stadthagen bei den Reichstagswahlen im Landkreis Potsdam-Niederbarnim erstmals über seinen konservativen Gegenkandidaten, den Textilfabrikanten Arnold Lohren. Allerdings erhielt Stadthagen in Tegel erst relativ wenige Stimmen.[54]

Die Gemeinde Tegel versuchte, die geplante Genossenschafts-Siedlung durch Auflagen zu verhindern: Pro Haus sollten die Genossen je fünfzig Mark für den Kirchenbau und für den Unterhalt einer Schule

zahlen, auch sollte die Genossenschaft die Straße pflastern und Gelände für eine Kirche und ein Pfarrhaus abtreten. Jede Mark für das
Kapital ihrer Gesellschaft hatten sich die Genossen vom Mund abge-
spart – wo sollte das zusätzliche Geld herkommen? Gustav Lilienthal
kämpfte gegen die diskriminierenden Auflagen und erhielt 1899 die
Baugenehmigung. Eine Kirche hatten die Genossen ohnehin nicht geplant. Nur neun Monate nach der Grundsteinlegung bezogen 1900 die
ersten Kolonisten ihre vier Häuser.

Möglichst billig sollte gebaut werden. Sand gab es genug, und so
stellte man die Bausteine aus Sand, Kies und Zement auf der Baustelle
selbst her – nach einem Patent von Gustav Lilienthal. Das erhaltene
Haus Egidystraße 22 aus dieser ersten Bauphase besteht aus solchen
Hohlblockbausteinen – mit guter Wärmedämmung.

1906 nahm man Abschied von der Utopie der Produktionsgenossenschaft: Die Genossen stellten das Baumaterial nicht mehr selbst
her, sondern ließen die Häuser aus Ziegelsteinen errichten – von Bau-
unternehmen. Bereits 1901 hatte der Vorstand den dornigen Weg der
Selbsthilfe aufgegeben und Staatshilfe akzeptiert, die es allerdings nur
unter der Bedingung gab, dass ein Drittel der Häuser für Beamte reserviert werden musste: ein Beamten-Bollwerk gegen die befürchtete
rote Arbeiterflut. Überzeugte Utopisten waren von da an nicht mehr
dabei, auch Gustav Lilienthal zog sich aus der Siedlungsverwaltung
zurück. Trotzdem: 1910 wohnten über 600 Menschen in 73 Häusern,
eine Bäckerei, eine Schlachterei, ein Milch- und ein Kaufmannsladen
stellten die Versorgung mit grundlegenden Nahrungsmitteln über den
Anbau im eigenen Garten hinaus sicher. Gas- und Wasserleitungen
waren überall gelegt. Darüber hinaus stillten ein Zigarrengeschäft, der
»Schollenkrug« und eine Bücherei weitere Bedürfnisse.[55]

Gas und Gefangene

Ernst Borsig mischte sich aktiv in die Kommunalpolitik ein; so drängte
er auf den Bau eines Tegeler Gaswerks nahe dem Borsigwerk, um kein
eigenes bauen zu müssen. Auch bemühte er sich, weitere Industriebetriebe nach Tegel zu ziehen – teils um die eigene Position zu stärken,
teils um das angekaufte Gelände jenseits der Kremmener Bahn zu ver-
werten –, scheiterte jedoch zunächst damit. Aber die rasch wachsende

»Freie Scholle«: Der Schollenkrug, Egidystraße Ecke Waidmannsluster Damm

Reichshauptstadt hatte nach 1871 erheblichen Bedarf, neue, größere städtische Infrastrukturbetriebe vor den Toren der ehemaligen Stadtmauer zu bauen. Tegels Nachbarort Dalldorf war schneller, dort begannen 1877 die Bauarbeiten für die städtische Irrenanstalt (heute: Karl-Bonhoeffer-Nervenklinik; das Gelände hatte die Stadt Berlin bereits 1869 erworben). Noch im gleichen Jahr zog Tegel nach: Auf 34 Hektar Land der Bauernheide in der Nähe des Tegeler Sees (Gänsewerder, an der Bernauer Straße) errichtete Berlin ein großes Wasserwerk, das fünfte der Stadt.

Die Gemeinde Reinickendorf baute, ebenfalls an der Bernauer Straße, allerdings ein Stück landeinwärts, ein kleineres Wasserwerk, so dass sich auf Tegeler Boden nun drei Wasserwerke befanden. Diese isolierte Bautätigkeit war noch ganz dem Kleingemeinde-Denken geschuldet und konnte erst mit der Einheitsgemeinde Groß-Berlin von 1920 beendet werden.

1898 wurde die Königliche Strafanstalt Tegel auf dem Gebiet des Königlichen Forsts Tegel-Süd eröffnet, bald gemeindete man sie nach Tegel ein.

Das Berliner Wasserwerk an der Bernauer Straße – auf dem Gänsewerder, im Hintergrund der Tegeler See

1.617 männliche christliche Gefangene erhielten hier zeitweise eine gesicherte Unterkunft. Bereits im Monat nach der Eröffnung meldete die Presse allerdings, dass ein Gefangener »entwichen« war – angeblich leicht zu erkennen an seiner Sträflingskleidung und an seinen Tätowierungen.

Die Planungen beim Bau des Gefängnisses orientierten sich am pennsylvanischen System: Von einem zentralen Punkt aus kontrollierte das Aufsichtspersonal die Gänge der sternförmig abzweigenden Trakte. Die Pferdeeisenbahn bekam von der Justiz besonders gesicherte Wagen mit zweiundzwanzig Zellen gestellt, um Verurteilte täglich um 10 Uhr und um 16 Uhr zunächst von der alten Stadtvogtei am Molkenmarkt nach Tegel zu transportieren. Der Volksmund nannte diese grünen Pferdebahnwagen »dicke Pauline« oder, wie schon ihre Vorgänger, »grüne Minna«. Große Aufmerksamkeit erregte von 1906 bis 1908 Tegels prominentester Häftling: der Schuster Wilhelm Voigt, besser bekannt als der »Hauptmann von Köpenick«; sein Husarenstück ließ die Menschen weltweit über die preußische Uniformgläubigkeit lachen.

Königliche Strafanstalt Tegel

Da die erfasste durchschnittliche Haftdauer elf Tage betrug, baute man ein Haus für solche »Kurzstrafer«, ihnen standen nur 15 Kubikmeter Raum zu: 2,8 Meter × 1,8 Meter bei einer Höhe von drei Metern. Für den mittellangen Vollzug gab es Zellen mit 18, für Langzeitgefangene mit 22 Kubikmetern. Dreizehn Jahre nach dem Baukostenvoranschlag waren die letzten Beamtenhäuser für das Gefängnispersonal bezugsfertig. Die tatsächlichen Baukosten lagen nun rund vier Prozent unter dem Voranschlag! Kein Wunder, nach der ersten Belegung mussten die Insassen ihr eigenes Gefängnis mitbauen. In Tegel saßen nur zu Haft- oder Gefängnisstrafen verurteilte Häftlinge, keine Zuchthäusler, diese waren lediglich zwischen 1955 und 1968 in Tegel inhaftiert.

Nach dem Bau der Strafanstalt lag zwischen den Wasserwerken und der Germania-Werft noch ein größeres unbebautes Gelände. Die Berliner Gaswerke griffen zu, 1905 kauften sie 31 Hektar Land und bauten das städtische Gaswerk VI, eines der damals modernsten Europas.Das bebaute Gelände erstreckte sich zwischen der Bernauer Straße im Süden, der Namslaustraße im Norden, zwischen Tegeler See im Westen

Berliner Städtische Gasanstalt Tegel,
Werk VI, Retortenhäuser

und Wittestraße im Osten, also bis nach Borsigwalde hinein. Bereits vor dem Bau erhoben Anwohner Einspruch wegen befürchteter »Ausdünstungen«. Sogar die preußische Justizverwaltung sorgte sich um die Gesundheit ihrer Gefangenen.

Der Gasverbrauch Berlins stieg ständig, besonders nach der Einführung und Propagierung eines Gas-Münzgerätes, mit dem die Arbeiterhaushalte ihren Verbrauch beim Heizen und Kochen genau dosieren konnten. Die Kapazität des städtischen Gaswerks Tegel erreichte bis zu 500.000 Kubikmeter Gas täglich, es verbrauchte dann 1.000 Tonnen Kohle. Zeitweise lieferte es 34 Prozent des Berliner Bedarfs. Als mit der Einführung des Glühstrumpfs der Gasverbrauch drastisch sank, suchte die Gasag nach einem neuen Absatzmarkt – und fand ihn: Freiballons. Auf dem Freigelände des Tegeler Werks veranstalteten die Gaswerke 1906 einen ersten internationalen Ballonwettbewerb, bei dem sie an einem Wochenende 25.000 Kubikmeter Gas verkauften.

Das Gaswerk VI in Tegel wies beeindruckende Dimensionen auf: Allein der Kohlenspeicher war sechshundert Meter lang und konnte den Inhalt von 16.540 Waggons aufnehmen.

Berliner Städtische Gasanstalt Tegel, Werk VI, Gasbehälter, Dreißigerjahre

Ebenso beeindruckend ragten zwei Gasspeicher aus Klinkern rund siebzig beziehungsweise neunzig Meter in die Höhe! Beide prägten mit dem Borsigturm die Silhouette von Tegel und galten als ein Wahrzeichen des Ortes.

Über die gesundheitlichen Gefahren der Gas- und Ammoniakproduktion im Werk wurde erst nach dem Zweiten Weltkrieg diskutiert. Heute ist das gesamte Gaswerksgelände mit Wohnhäusern bebaut, nur der ehemalige Gaswerkhafen ist zwischen der Bernauer und der Neheimer Straße erhalten geblieben.

Schick, teuer, grün

Es muss die Schlossbesitzerin Constanze von Heinz gewurmt haben, wie die Bauern plötzlich zu Geld kamen. Sie begann ebenfalls mit dem Verkauf von Parzellen, zunächst östlich der Karolinenstraße. Dort kann man noch heute unter der Hausnummer 3b die sogenannte Kirchner-Villa im klassizistischen Stil von 1886 entdecken. Bald plante Frau von

Landbriefträger zu Schlitten auf dem Eise des Tegeler Sees, Zeichnung von Willy Stöwer

Heinz auf dem gesamten Bereich zwischen Mühle und Malche, also der nordöstlichen Bucht des Tegeler Sees, eine Villenkolonie. Alles sollte schick werden und teuer, grün und ruhig.

Emil Jacobsen war einer der ersten, der sich für ein Grundstück im Schlossbezirk interessierte. Auf einem Ausflug mit Hausgenossinnen, Hausverwalterin, Sekretärin, Lehrling, erinnerte er sich daran, wie seine kleinen Kinder früher von den Maulbeeren genascht hatten.[56] Der Inhaber der Schlossgärtnerei Rohde war von der Besitzerin beauftragt worden, ihm einen Fantasiepreis zu nennen: 70–80.000 Mark. Da kann ich ja vornehm in Wannsee wohnen, dachte Jacobsen. Er besichtigte die Mustervilla, die er so geschmackvoll wie unpraktisch eingerichtet fand: keine Portierwohnung, keine Remise, keinen Stall, die Räume ungünstig verteilt. Dr. Jacobsen ließ sich dann für 40.000 Mark eine Villa nach eigenem Geschmack von dem berühmten Architekten Bruno Schmitz errichten, der bereits durch Denkmäler wie das Deutsche Eck in Koblenz, auf dem Kyffhäuser und an der Porta Westfalica bekannt war und der einst das Völkerschlachtdenkmal in Leipzig bauen würde.

Kaiser-Pavillon im Schlossbezirk Tegel

Zwar hatte Amtsvorsteher Brunow Jacobsens Pläne für das Sommerhäuschen genehmigt (die Villa wollte Jacobsen erst später bauen), aber unter einer Auflage: Die Schlossherrin müsste die Festlegungen zur Straße unterschreiben. Von Heinz reagierte nicht. Jacobsen war in den »Krieg der Könige« geraten: Der Sohn der Schlossbesitzerin, Reinhold von Heinz, bestand auf einer Schranke vor der künftigen vornehmen Colonie und wollte sich vom bürgerlichen Amtsvorsteher Brunow nicht reinreden lassen. Der Amtsvorsteher hingegen pochte auf freien Zugang zur Colonie und auf den öffentlichen Charakter der Straße, die heutige Gabrielenstraße. Von Heinz prozessierte gegen Brunow und – verlor.

Außer Jacobsen ließen sich später auch der Werkstattbesitzer Holdefleiß und der erfolgreiche Marinemaler Willy Stöwer im Schlossbezirk nieder, Holdefleiß in der Adelheidallee 5–7, Stöwer in der Gabrielenstraße 68. Stöwers Schiffsgemälde kannte im Kaiserreich wohl jedes Kind; sie sind imposant und von genauen Kenntnissen geprägt, denn Stöwer hatte Schlosser gelernt und als Konstruktionstechniker auf Werften gearbeitet, darunter ab 1886 auf der Germania-Werft in

Neobarockes Mietshaus des Millionenbauern August Wilke, Schlossstraße 25

Tegel bei der Ausrüstung von Kriegsschiffen. Das Vorstandsmitglied des deutschen Flottenvereins lieferte mit seinen Gemälden das Bildmaterial für die kaiserliche Flottenpropaganda. Kaiser Wilhelm II. goss Hohn und Spott über zeitgenössische impressionistische Maler, auf Stöwer aber ließ er nichts kommen, er durfte den Herrscher von 1905 bis 1912 auf seinen Auslandsreisen begleiten.

Stöwer zeichnete auch für Zeitschriften, so für *Die Gartenlaube*. Eines seiner 1889 in der *Gartenlaube* abgedruckten Bilder trug die Unterschrift »Landbriefträger zu Schlitten auf dem Eise des Tegeler Sees«. Es soll sich um den Landbriefträger Lucke, ein Tegeler Original, handeln; Lucke kürzte im Winter seine Tour nach Tegelort mit einem Pikenschlitten ab.

Schließlich stieg die Schlossherrin groß ein: Sie ließ ein prächtiges und exklusives Ausflugsrestaurant errichten, den »Kaiser-Pavillon«.

Die Bauernfamilie Nieder konnte nach dem Brand von 1835 ein Wohnhaus komplett in Stein bauen – Ausdruck eines bescheidenen bäuerlichen Wohlstandes. Aber richtig reich wurde die Familie, als sie die Landwirtschaft aufgab und den größten Teil ihres Bodenbesitzes

Grabmal Ziekows, letzter Lehnschulze Tegels, »Lehngutsbesitzer«

verkaufte, darunter die Hälfte des zum Hof gehörenden Grundstücks am Eingang zum Dorfanger; die bis zum Fließ reichende Hälfte benötigte die Gemeinde vor 1908 für den Hafenbau. Jetzt zählte Bauer Friedrich Wilhelm Nieder zu den Goldmarkmillionären und wollte nicht mehr Landwirt oder gar Bauer genannt werden, sondern Gutsbesitzer. Rechtlich geschützt war der Titel nicht, also konnte sich jeder so nennen, selbst wenn er kein »Bauerngut« mehr sein Eigen nannte. Außerdem hatte es sich eingebürgert, dass Bauern sich als Besitzer eines Bauernguts bezeichneten. Jedem seiner drei Söhne baute Nieder ein großes Mietshaus: Alt-Tegel 26, 28, 30 (letzteres wurde im Krieg zerstört und später wieder aufgebaut). Jeder im Ort sollte es wissen und wusste es auch: Bauer Nieder, pardon, Gutsbesitzer Nieder hatte seinen Kindern drei Mietshäuser vermacht!

Einen anderen Weg, seinen neuen Reichtum zur Schau zu stellen, ging der Bauer August Wilke. Er ließ in der Schlossstraße 25 ein prachtvolles neobarockes Mietshaus mit Säulen, Putten und Atlanten errichten, das hochherrschaftlichen Vorbildern nacheiferte. Großzügig legte Bauer Wilke teuren Grund und Boden als einen vom Haus an drei Seiten eingerahmten tiefen Vorgarten an, als wollte er zeigen: Seht her, ich muss nicht jeden Quadratzentimeter ausnutzen, um Mieten zu erzielen – ich verzichte auf sichere Einnahmen um eines schönen Vorgartens willen.

Tegels letzter Lehnschulze (bis 1882) ließ sich auf dem Gemeindefriedhof ein monumentales Grabmal aus poliertem Granit anfertigen, wie er es von hochgestellten Persönlichkeiten kannte; in goldenen Lettern prangt dort die Angabe: Familie Paul Ziekow, Lehngutsbesitzer. Mit dem Begriff »Lehngutsbesitzer« stach August Ziekow die Millionärsbauern aus, die es nur zum einfachen Gutsbesitzer gebracht hatten.

In Szene setzten sich die ehemaligen Bauern auch, als der Tegeler Kriegerverein zum Bau eines Denkmals für Kaiser Wilhelm I. aufrief. Marzahn, Müller und Nieder spendeten jeweils 500 Mark – eine beachtliche Summe, wenn man sie mit der Spende der Weltfirma Borsig in Höhe von 1.000 Mark und dem Gesamtpreis der 2,60 Meter hohen Figur und ihres Sockels von 12.600 Mark vergleicht. Es wäre eine Sensation gewesen, wenn ein Bauer, pardon, »Gutsbesitzer«, die Weltfirma Borsig überboten hätte.

Borsigs zweiter Aufstieg

Das Borsigwerk ging 1898 als modernste Fertigungsstätte Europas mit zunächst 2.500 Beschäftigten in Betrieb. 1910 waren es schon 4.800!

Nun explodierte auch der Mietwohnungsbau in Tegel, denn die Nachfrage wuchs rasant.

Da die AEG trotz des Drängens von Borsig absagt hatte, blieb Borsig der größte und einflussreichste Arbeitgeber im Berliner Norden: »Durch den Besitz zahlreicher Immobilien in Borsigwalde und Tegel und durch die Präsenz in Wohlfahrts- und Stiftungseinrichtungen drang Borsig auch auf anderen Ebenen in das Leben der Bewohner vor und wurde so zum Inbegriff des industriellen und wirtschaftlichen Aufschwungs im Norden Berlins.«[57]

Bei dem Namen der Tegelschen Betriebsstätte herrscht noch heute Verwirrung. Eindeutig steht auf dem Tor zu lesen: »A. Borsig«, man arbeitete also bei Borsig in Tegel. Allerdings fuhr in den Anfangsjahren eine vom Borsigwerk in Schlesien entliehene Lok auf dem Firmengelände und über die Berliner Straße, so dass sich die deutlich lesbare

Beschriftung der Lok »Borsigwerk« den Menschen einprägte, die auf die Vorbeifahrt der Lok warteten. Die Bezeichnung »Borsigwerk« für die Tegeler Produktionsstätte war also zunächst eine volkstümliche und aus Schlesien übertragene. Rechtlich gab es in Schlesien eine Borsigwerk AG, während die Maschinenfabrik A. Borsig in Tegel als GmbH geführt wurde. Völlig unsinnig ist die Bezeichnung der heutigen U-Bahnstation »Borsigwerke«, weil es hier keine »Werke«, sondern immer nur ein Werk gegeben hat. Aber vielleicht ist damit das halbe Dutzend Firmennamen nach der Pleite 1931 gemeint.

Bereits 1902 konnte die Firma ihren Umsatz gegenüber 1894 verdoppeln. Schnell erschloss sie sich neue Produktionszweige: Kältemaschinen und ganze Kühlanlagen mit Verdampfern und Verflüssigern; Kolbenverdichter zu Verdichtung von Luft und Gasen; Schieber, Ventile und Armaturen für den Rohrleitungsbau sowie Rohrleitungen. Später folgte der Schiffsdampfmaschinenbau. Die Abteilungen »Kohlenstaubfeuerung« und »Dampfpflüge« wurden jedoch bald wieder geschlossen. Schließlich ging Borsig dazu über, nicht nur einzelne Maschinen, sondern ganze Anlagen zu fertigen, so öffentliche Kraftwerke und chemische Fabriken.

Die Borsig-Brüder brachten das Unternehmen auf Erfolgskurs. Das sahen auch die Arbeiter und forderten ihren Anteil. Sie beteiligten sich an der allgemeinen Streikbewegung 1902/03.

Allein diese Tatsache widerlegt die gelegentlich verbreitete Ansicht, die Borsig-Arbeiter seien einfach nur dankbar gewesen, dankbar zum Beispiel dafür, dass die Borsig-Brüder ihren Arbeitern 1906 den Neunstundentag »geschenkt« hätten – die Reduzierung der wöchentlichen Arbeitszeit von 58 1/2 auf 53 Stunden. Immerhin hatten 1890 erstmals etwa 100.000 Arbeiter am 1.-Mai-Streik für den Neunstundentag teilgenommen – mit hohem Risiko, entlassen, auf schwarze Listen gesetzt und nirgends wieder eingestellt zu werden. In den folgenden Jahren konnten die Arbeiter eine solche Verkürzung der Arbeitszeit in einigen Betrieben und Branchen mit Streiks durchsetzen. Bei Siemens gab es schon 1906 den Neunstundentag, bei der Carl-Zeiss-Stiftung seit 1900 sogar den Achtstundentag. Auch werden die Borsig-Brüder von den Massenstreiks in Russland 1905 nicht unbeeindruckt gewesen sein. Selbst die Berliner Maschinenfabrikbesitzer hatten ihren Arbeitern nach der Revolution von 1848 den Zehnstundentag gewähren müssen.

Mittag bei Borsig, Gemälde von
Hans Baluschek, 1911

1910 zahlte Borsig rund 6 Millionen Mark Löhne an rund 4.000 Arbeiter, das ergibt einen Stundenlohn von unter 70 Pfennigen. So viel verdiente zur Jahrhundertwende nur ein Kolonnenführer, der einfache Arbeiter erhielt 50 Pfennige pro Stunde. Pech für die Arbeiter, wenn sie auf Kurzarbeit gesetzt wurden und entsprechend weniger verdienten.

Nicht von ungefähr hieß es nach 1900 unter Metallarbeitern: »Wer nie bei Siemens war, bei AEG und Borsig, der kennt des Lebens Leid noch nicht, der hat es erst noch vor sich!«

Eindrucksvoll hat der Sezessions-Maler Hans Baluschek die Frauen von Borsig-Arbeitern gemalt, die ihren Männern zur Mittagszeit das Essen im »Henkelmann« oder im Korb bringen, dunkle Rauchwolken aus den Fabrikschornsteinen verdüstern die Szene. Das Bild ist vor dem Bau des neuen Borsig-Kasinos östlich der Berliner Straße 1912 entstanden. Von Baluschek sagt man, er habe wie sein Kollege Leistikow die märkischen Seen gemalt – allerdings mit dem Unterschied, dass bei ihm unter den Kiefern erschöpfte Borsig- und Siemens-Sklaven liegen.

Ernst Borsig gehörte zu den sechzig reichsten Männern des Königreichs Preußen. Sogar der Kaiser war beeindruckt und adelte 1909 ihn und seinen Bruder Conrad. Seinem neuen Stand entsprechend, ließ Ernst von Borsig sich von 1911 bis 1913 ein Schloss bauen, das er bescheiden »Borsig-Villa« nannte – und das heute in der Berliner Landesdenkmalliste nur noch als »Landhaus Borsig« firmiert, der Park hingegen als »Villengarten«.

Für ihr Werk in Tegel hatten Conrad und Ernst Borsig 21 Hektar Land gekauft, auf der Halbinsel Reiherwerder am Tegeler See standen Ernst von Borsig allein für Wohn- und Repräsentationszwecke und für den Park über 12 Hektar zur Verfügung; er hatte zwei Inseln durch Aufschüttung mit dem Festland verbunden. Die Architekten Alfred Salinger und Eugen Schmohl sollten die Borsig-Villa bauen – Ähnlichkeiten mit Schloss Sanssouci von König Friedrich II. waren nachdrücklich gewünscht. Glücklicherweise lieferten Salinger und Schmohl keinen zeittypischen protzigen Wilhelm II.-Neobarock, sondern reichlich abgespeckten, fast schon spartanischen Preußen-Barock. Der Lokomotivkönig grüßte den Preußenkönig.

Hafenbau und Promenade

Tegel erlebte nach 1900 einen großen Aufschwung. Um Investoren anzulocken, startete die Gemeinde im Verbund mit anderen Umlandgemeinden das Projekt der Industriebahn Tegel – Friedrichsfelde, die der Erschließung des geplanten nördlichen Industriegürtels dienen sollte. Gleichzeitig mit der Industriebahn bauten Landgemeinde und Ortsgemeinde am Endpunkt der Bahn einen Hafen; hier wollte man einen Teil der Güter am geplanten Kanal nach Stettin (Berlin – Stettiner Großschifffahrtsweg, zeitweise: Hohenzollernkanal, 1914 eröffnet) umschlagen.

Zwanzig Schiffe sollten gleichzeitig be- und entladen werden können. Beide Projekte, Hafen und Industriebahn, bedeuteten rentable und sichere Zukunftsinvestitionen, wie man glaubte; die Gemeinde nahm einen Kredit von zwei Millionen Mark auf.

Tegel erhielt eine neue Attraktion: Der Hafen war für Schiffe nur zugänglich, wenn die bisherige Bohlenbrücke über das Tegeler Fließ kurz vor seiner Mündung in den Tegeler See durch eine höhere ersetzt wurde. Gleichzeitig mit Hafen und Industriebahn konnte 1908 auch die Hafenbrücke eingeweiht werden. Sie wurde im Volksmund weiter

Hafen, Industriebahn und Humboldt-Mühle, ca. 1925

»Sechserbrücke« genannt, weil man hier früher einen halben preußi-schen Silbergroschen – also sechs Pfennige – als Brückengeld bezahlen musste. Die 1871 eingeführte Mark (»Goldmark«) entsprach 100 Pfenni-gen, seitdem betrug das Brückengeld fünf Pfennige. Die Sechserbrücke erfreute sich großer Beliebtheit, ja sie galt wegen ihrer besonderen Ge-staltung als weiteres Tegeler Wahrzeichen.

Wer einen Bummel am Rande des Tegeler Sees unternahm, gar eine freie Badestelle aufsuchte oder sich im grünen Forst erging, musste die Brücke passieren. Erst recht lockten die Ausflugslokale von Tegelort und entlang der Havel bis nach Heiligensee. Im Sommer passierten an einem Wochenende bis zu 28.000 Menschen die neue Brücke. Der An-drang erfreute die Finanziers, die Gemeinde Tegel und den Gutsbezirk, also die Schlossherrin. Hier rentierte sich die Investition: Nach Abzug der Unterhaltungs- und Finanzierungskosten der Brücke blieb ein Jah-resüberschuss von 7.000 Mark in der Kasse. Die üppigen Einnahmen zogen Diebe an, so dass die Kassenwarte in ihren Kassenhäuschen Waffen erhielten und man es vorsichtshalber aufgab, auch in der Nacht

Ufer des Tegeler Sees vor der Promenadenaufschüttung, Gemälde von Albert Hertel,
1889, Geschenk Berliner Honoratioren zum 70. Geburtstag Gottfried Kellers

zu kassieren. Erst in der kargen Zeit nach dem Ersten Weltkrieg, 1922, verzichteten die Erbauer auf die überholte Form eines Brückenzolls für Fußgänger.

Weniger Rendite floss aus Hafen und Industriebahn. Die erhoffte Industrieansiedlung nördlich von Berlin hielt sich in bescheidenen Grenzen. So musste man auch die Planungen für einen Nord-Kanal als Umgehung Berlins und als Gegenstück und Ergänzung zum Teltow-Kanal einstellen.

Trotzdem blieben Hafen und Industriebahn noch bis weit nach dem Zweiten Weltkrieg in Betrieb. Beispielsweise belieferte die Industriebahn noch bis 1993 das Heizkraftwerk im Märkischen Viertel.

1970 kam das Aus für den Hafen, an ihn erinnert noch der Straßenname »Am Tegeler Hafen«. Um weiter eine Verbindung von der Industriebahn zum Bahnhof Tegel aufrechtzuhalten, wurde 1978 der bisherige Nordwestanschluss (Bahnhof Tegel – Hafen) durch einen Nordostanschluss ersetzt. 1997 hatte auch die Industriebahn ausgedient. Gelegentlich stößt man noch im Gelände auf ihre Gleise und Signalmasten.

Strandpromenade am Tegeler See, 1911

Ansprechend umgestaltet wurde das Hafengelände im Rahmen der Internationalen Bauausstellung 1987 und wird es in einem weiteren Schritt seit 2013.

Im Zusammenhang mit dem Hafenbau kaufte die Gemeinde ein großes Gelände für eine geplante Erweiterung der Hafenanlagen bis nach Wittenau und für den Kanalbau, um der Bodenspekulation zuvorzukommen. Darüber hinaus erwarb sie zu beiden Seiten der Industriebahn Land und erschloss das Gelände zwischen der Wittenauer Straße (heute Gorkistraße) und der Kanalreserve für die Bebauung. Dieser Ankauf von insgesamt 41 Hektar zum Preis von rund 5,7 Millionen Mark erwies sich trotz des Fehlschlags der Hafenerweiterung als vorteilhaft: Die Gemeinde verfügte nun über ausreichend Bauland für die wachsende Einwohnerschaft und erstellte 1909 einen Bebauungsplan für einen neuen Stadtteil. Zur aufblühenden Stadt gehörte auch ein Wochenmarkt, ein privater – im Gegensatz zu Berlin, wo die Markthallen unter kommunaler Verwaltung standen, um einwandfreie hygienische Verhältnisse zu garantieren. Noch gab es in Tegel keine Halle wie in den Berliner Innenstadtbezirken, nur über-

Uferpartie mit Blick zur Hafenbrücke (»Sechserbrücke«) und zum Restaurant Strandschloss

dachte Stände. Aber die Tegeler Markthalle hielt sich, fünfzig Jahre nach ihrer Gründung bekam sie 1958 ein Eternitdach, so dass man auch bei Regen trockenen Fußes einkaufen konnte. Heute ist sie als Teil des Tegel-Centers an der Fußgängerzone Gorkistraße mehr denn je ein attraktiver Einkaufsort.

Seit Beginn des Jahrhunderts hatte sich die Gemeinde bemüht, die Attraktivität Tegels für Ausflügler zu erhöhen. So ließ sie Stück für Stück eine Promenade am Seeufer aufschütten, zunächst zwischen den Restaurants »Tusculum« (am Ort der heutigen »Seeterrassen«) und »Strandschloss« am nördlichen Ende des Seeufers vor der Fließmündung (der späteren Hafeneinfahrt).[58] Hier errichtete sie auch die Anlegestellen für die Ausflugsdampfer sowie einen Pavillon für den Fahrkartenverkauf. Dann sollte die Promenade in südlicher Richtung verlängert werden. Die Anlieger hatten aber bereits gegen die Gemeinde geklagt, weil sie sich als Grundstückseigentümer fühlten. Im dritten Seeufer-Prozess wurde ihre Klage abgewiesen, und die Gemeinde konnte mit dem Sand von der Ausschachtung des zweiten Gasbehälters den größten Teil der Promenade fertigstellen. Die einen bejubelten die neue Flaniermeile – obwohl sie ohne Bäume noch etwas nackt aussah – die anderen bedauerten den Verlust der Schilfzone und der Rohrammer. Mindestens ein Arbeitsplatz ging verloren, der des Strandkorbwächters. Auch Chronist Wietholz trauerte den alten Zeiten nach: »Wer denkt nicht gerne an jene Zeit zurück, als noch … der Tegeler Seeuferstrand mit Schilf und Ried geschmückt war, das dem Ufer seinen eigenartigen Reiz verlieh, als man noch in den mit stillen Linden geschmückten sauberen, wenn auch ungepflasterten Straßen des Dorfes friedlich und ruhig lustwandeln … konnte.«[59]

Neue Schulen und Kirchen

Um betuchte Bürger zum Wohnen in Tegel zu bewegen, versuchte man sie mit guten Bildungseinrichtungen für ihre Kinder zu locken. 1902 drängte die »Töchter-Schulfrage«: Die Gemeinde gründete eine Realschule für Mädchen, die aber in den folgenden Jahren im Hinblick auf Personal, Räumlichkeiten und Mittel eher stiefmütterlich behandelt wurde. 1903 übernahm die Gemeinde eine private Knabenschule und führte nun die öffentliche Höhere Knabenschule ebenfalls als Realschule. Mit der Umwandlung in eine Oberrealschule 1908 erhielt sie den Namen Humboldt-Schule. Die Räumlichkeiten erwiesen sich schnell als zu klein, in Neu-Tegel sollte eine großzügige Lösung entstehen. In der Übergangszeit fand der Gesangsunterricht in der Gaststätte »Zu den Ratsstuben« statt, Turnen während der kalten Jahreszeit im Lokal von Hamuseck (auf dem Gelände des heutigen Gebäudes Alt-Tegel 14–16), hier konnten die Schüler die Geräte des Männerturnvereins nutzen. So gewöhnten sie sich frühzeitig an Kneipenbesuche.

Als erster größerer Bau in dem Neubaugebiet östlich der Bahngleise, Neu-Tegel, wurde die Humboldt-Schule 1911 fertiggestellt, nach manchen Störungen im Baubetrieb und einer insgesamt zweieinhalbjährigen Bauzeit. 1914 legten die ersten Schüler die Reifeprüfung ab, jetzt mussten die Realschüler jährlich 150 Mark Schulgeld zahlen. Der Gemeindezuschuss betrug ebenfalls 150 Mark, für die Mädchen wendete die Gemeinde nur 105 Mark auf. Auch konnten die Mädchen erst 1923 in einen großen Neubau für das Lyzeum (zehnklassig, ab 1912) in der Steinbergstraße (heute: Tile-Brügge-Weg) umziehen, ein Neubau, der strenger und sachlicher ausfiel als die Oberrealschule für Jungen. Zu-

Humboldt-Gymnasium heute, Hatzfeldtallee Ecke Eschachstraße

vor waren sie in einem ähnlich massiven Neubau in der Schöneberger Straße 30/32 untergebracht, umgeben vom Borsig-Werksgelände und im Visier der Borsig-Immobilien-Aufkäufer.

Die neue Humboldt-Schule bildete 1911 einen eigenen, von vier Straßen umgebenen Block. Mit ihren Anklängen an Renaissance und Barock ragt sie noch heute über die sie umgebenden Wohnhäuser und erinnert eher an eine Burg oder an eine Festung, die sich vor dem Alltag abschirmt – aber wenigstens nicht an eine Kaserne.

Tegel musste noch wachsen, um zu dieser Bildungsburg zu passen – sie war schon im Hinblick auf die Zukunft gebaut. Ganz anders rund achtzig Jahre später: Weil das Gebäude für die Schülerzahlen zu klein wurde, stellte der Bezirk einen containergleichen Schnellbau – quadratisch, praktisch, aber auch gut? – in den Schulhof, für zehn Jahre zugelassen, weitere fünfzehn Jahre später, um 1990 – ohne gültige Baugenehmigung noch in Benutzung (zunächst »mobile Unterrichtsräume« – MUR – getauft, später »modulare Ergänzungsbauten«). Man kann auch an den Gebäuden die Einstellung einer Zeit und einer Gemeinde zur Bildung ihrer Kinder ablesen.

Dorfkirche Alt-Tegel

Der Wohnungsbau schritt hinter der Schule zwischen den heutigen Straßen Hatzfeldallee und Tile-Brügge-Weg in östlicher Richtung bis zur Ziekowstraße voran; überall war Blockrandbebauung vorgesehen. Den wegen seiner Farbe so genannten »gelben Block« bezogen 1915 die ersten Mieter. Noch heute erfreuen die durch Erker und Loggien aufgelockerte Fassaden, die breiten Fenster und der Verzicht auf totale Bebauung der Höfe.

Durch den Zuzug von Arbeitskräften kam es zu einer gewissen Durchmischung der Tegeler Bevölkerung. Auch Katholiken zogen zu; sie mussten ihre Gottesdienste zunächst in einem Tanzsaal abhalten. Die katholische Kirche erwarb ein Grundstück in der Nähe des alten Ortskerns am Brunowplatz. Bald stand dort eine neogotische rote Backsteinkirche, die durch ihren hohen Turm katholische Präsenz demonstrierte. Das wollten die Protestanten nicht auf sich beruhen lassen.

1911 ließen sie ihre alte Kirche auf dem Dorfanger (Alt-Tegel) abreißen; nur ein Jahr später weihten sie an gleicher Stelle die neue ein. Nachteil des beibehaltenen romanischen Stils: Man konnte die 56 Meter des katholischen Turms nicht toppen – der evangelische Turm erreicht aufgrund seiner massiven Ausführung nur 31 Meter; als rechteckiger Querturm trägt er wehrhafte Züge und ist der Westfront des Doms zu Havelberg nachempfunden. Aber der Havelberger Dom stand im Zusammenhang mit dem Wendenkreuzzug von 1147, er erhob sich drohend gegen Feindesland. Die Wehrhaftigkeit der Tegeler Westfront von 1912 entsprach dem Zeitgeist kurz vor dem Ersten Weltkrieg – doch wem drohte die massive Mauer nun? Wer keinen Zusammenhang zwischen dem Zeitgeist vor dem Ersten Weltkrieg und dem wehrhaften Tegeler Kirchturm sieht, der möge die Johanneskirche in Frohnau zum Vergleich heranziehen, mit ebenfalls massivem und wehrhaftem Westwerk, erbaut 1935, als der nächste Weltkrieg vorbereitet wurde.

Das Eingangsportal der Tegeler Kirche zitiert die karolingische Torhalle des hessischen Klosters Lorsch. Drei große Torbögen als Eingänge und zwei seitliche Rundtürme belegen die große Ähnlichkeit. Die Tegeler Dorfkirche ist also eine neoromanisch-karolingische. Das Eingangsportal besteht aus zwei Bronzeflügeln von Ottomar Holdefleiß mit abstrakten geometrischen, ineinander verschlungenen Bandmustern.

Der Kunstschmied Ottomar Holdefleiß gründete kurz nach seinem Zuzug aus Salzmünde bei Halle (Saale) nach Berlin 1888 die Firma Schulz und Holdefleiß, die in ihren besten Jahren bis zu 300 Beschäftigte hatte. Für seinen internationalen Ruf spricht, dass er mit seinen Arbeiten Deutschland auf der Weltausstellung 1900 in Paris vertrat und das Tor zum Friedenspalast in Den Haag, heute auch Sitz des Internationalen Gerichtshofs, schuf. Holdefleiß' 1903 errichtete Eisenfachwerk-Villa in der Adelheidallee 5–7 ist erfreulicherweise erhalten geblieben, ebenso das Monogramm »OH« am Gitterzaun.

Der Tegeler Luftschiffhafen

Tegel blieb vor 1914 von den Kriegsvorbereitungen nicht verschont. 1896 stationierte das Militär ein Luftschiffer-Bataillon namens »Stollwerck« am Nordrand des nicht mehr genutzten Artillerie-Schießplatzes (dem heutigen militärischen Gelände des Flughafens Tegel); dafür wurde 1903 eigens ein neuer Kasernenkomplex gebaut und 1906 eine Luftschiffhalle. Abwechselnd verwendete man für den Standort

Unstarres Luftschiff vom Typ »Parseval« auf dem Schießplatz Tegel, um 1909

die Bezeichnungen »Tegel« und »Reinickendorf-West«. Für die von der Luftfahrt begeisterte Öffentlichkeit inszenierte man 1909 eine Landung des legendären siebzigjährigen Grafen Zeppelin in Tegel – vor Tausenden Schaulustigen, darunter die Kaiserfamilie und viel politische Prominenz.

Außerhalb der Schautage arbeitete das Militär – im Gegensatz zum starren Zeppelin – vor allem an der Entwicklung lenkbarer Luftschiffe, um sie im Krieg zur Aufklärung und zum Abwerfen von Bomben einzusetzen. Luftschiffe erreichten mit ihren Motoren Geschwindigkeiten von sechzig Kilometern pro Stunde.

Nach dem Ersten Weltkrieg musste der Luftschiffhafen Tegel gemäß dem Versailler Vertrag abgerissen werden. Das auf dem ehemaligen Schießplatzgelände massenhaft herumliegende Blei ermöglichte etlichen Anwohnern das Überleben, sie sammelten und verkauften es.[60]

Rüstungsboom bei Borsig

Die Borsig-Brüder hatten Pressen für die Geschossfabrikation aufgestellt und bereits Geschosse nach Bayern verkauft. Als der Krieg begann, brachen goldene Zeiten für sie an. Dank der Rüstungsgüter verdreifachte Borsig die Produktion bis 1917. Die Firma erwarb Grundstück um Grundstück, zog Werkstatt um Werkstatt hoch, um bei gesicherten Aufträgen und garantierten Gewinnen die Produktion, soweit es irgendwie ging, auszudehnen. Schon 1910 bis 1914 hatte Borsig von Krupp Grundstücke der ehemaligen Germania-Werft Stück für Stück gekauft, insgesamt über 24 Hektar. Damit verdoppelte Borsig sein ursprünglich erworbenes Gelände in Tegel.

Ende 1914 verleibte sich Borsig das beliebte Klippensteinsche Restaurant »Seeschlösschen« ein und nutzte es als Lager für Zwangsarbeiter. Bis 1918 kaufte Borsig in mehreren Schritten das gesamte ehemalige Werftgelände zwischen See- und Berliner Straße sowie zwischen Borsigstraße und Kruppstraße (heute Biedenkopfer Straße). Borsig gelang sogar die Übernahme und Umwidmung von öffentlichem Straßenland: 1916/17 gab die Gemeinde nach langwierigen Verhandlungen die Borsigstraße, die Haselhorster Straße und den nördlichen Teil der Charlottenburger Straße frei.

Als letztes Grundstück kaufte Borsig der Gemeinde das Lyzeum an der Schöneberger Straße ab, das ab 1923 als Werkberufsschule sowie für die Verwaltung und als Räumlichkeit für die Werksfeuerwehr diente.

Bis 1916 entstanden im Norden an der Veitstraße die Werkstätten für Zünder und Einzelteilebau, im Nordwesten des bisherigen Betriebsgeländes an der Schöneberger Straße die Pressenwerkstatt und gegenüber, westlich der Schöneberger Straße, die Geschosszieherei; die Neubauten auf dem Südgelände von 1916/17 dienten wesentlich dem Wachstum der Rüstungsproduktion: die Abnahmestelle für Geschossmaterial, ein neues Stahlwerk mit zwei Siemens-Martin-Öfen von je fünf Tonnen Fassungsvermögen sowie die Kanonenwerkstatt.

Begeistert berichtete Rheinmetall-Borsig 1937, was die Vorläufer-firma 1914–1918 schon für feines Kriegsgerät lieferte: »Geschosse aller Art von 7,5 cm-Kaliber bis zu den berühmten 42 cm-Granaten«, »Handgranaten, Zünder, Minenwerfer und Geschützteile, sowie Sondereinrichtungen für Artillerie und Train«, außerdem für den U-Boot-Krieg Ruder, Steven und Torpedo-Ausstoßrohre, und schließlich, im Rahmen des Hindenburgprogramms, auch Geschützrohre. Daneben produzierte Borsig Maschinen, die keine Rüstungsgüter im engeren Sinne waren, aber als »kriegswichtige Anlagen« bezeichnet wurden: Pressen, Pumpen und Akkumulatoren für Geschosspressanlagen und chemische Anlagen zur Gewinnung von Kalkstickstoff.[61] Der Export von Lokomotiven war mit Kriegsbeginn zusammengebrochen, nun lieferte Borsig dieses »zivile« Produkt an die Streitkräfte für militärische Transporte.

Mit der Verdreifachung der Produktion von 1914 bis 1917 ging eine Verdreifachung der Umweltbelastungen einher, die Anwohner mussten Lärm, Ruß und Asche in bislang unbekanntem Maße ertragen. Der Betrieb der schweren Maschinen verursachte folgenreiche Erschütterungen in der Umgebung; in der Veitstraße stellten Eigentümer Schäden an ihren Häusern fest. Borsig versuchte in solchen Fällen, Gerichtsurteile zu vermeiden, strebte Vergleiche an oder erwarb einfach die Immobilie.

Teil der Bauplanung für das Südgelände des Borsigwerkes war die Überbauung der Borsigstraße, der Haselhorster Straße und des nördlichen Teils der Charlottenburger Straße. Tegel nutzte seine starke Stellung als Grundstücksverkäufer, um Zugeständnisse von Borsig zugunsten der Anwohner auszuhandeln: Alle zur Veitstraße gelegenen Produktionshallen sollten innerhalb eines Jahres mit Doppelfenstern nachgerüstet werden, um den Schallschutz zu verbessern, die Fenster während der Produktion geschlossen bleiben. Würde das nicht zum angestrebten Erfolg führen, müsste Borsig schwere Maschinen von der Veitstraße an einen entfernteren Standort versetzen.

Allerdings fehlten angesichts der gewaltigen Erweiterungsinvestitionen schnell die Arbeitskräfte. Die Arbeiter mussten an der Front kämpfen. So wurde zum einen die Arbeitszeit verlängert und in Tag- und Nachtschicht gearbeitet. Aber auch das reichte nicht. Bald rückten bei Borsig Frauen nach, wo sie zuvor in der Produktion keine Rolle gespielt hatten. Stolz verkündete die Werksleitung auf einem Plakat,

*Invalide in der Rüstungs-
produktion bei Borsig*

dass durch die Zerlegung der Arbeitsgänge jetzt angelernte Frauen die Arbeit leisten könnten, für die früher ein Facharbeiter benötigt wurde. Interessanter Nebeneffekt für die Firma: Die angelernten Frauen erhielten einen niedrigeren Lohn als ihre männlichen Vorgänger. Auf jenem Plakat ließ die Firma eine Frau stolz einen von ihr gefertigten, schräg aufgerichteten, strammen Kupplungsbolzen präsentieren.

Doch litt die Leistungsfähigkeit der Frauen unter der schlechten Versorgungslage, während gleichzeitig die langen Arbeitszeiten an den Kräften zehrten. So kam es gerade in der Rüstungsindustrie häufig zu Zusammenbrüchen der weiblichen Arbeitskräfte. Eine dramatische Folge zeigte sich in Hennigsdorf: Ermüdete Frauen hantierten unvorsichtig mit Munitionskisten, und eine riesige Fabrikhalle flog in die Luft.

Neben Frauen setzte Borsig erstmals türkische Arbeiter ein, als Hilfskräfte beim Schmied oder an den Maschinen. Selbst auf Kriegsgefangene griff die Firma zurück. Geradezu pervers erscheint die Propaganda der Firma Borsig, die stolz darauf verwies, dass sie armamputierte Kriegsversehrte wieder in der Munitionsfertigung beschäftigte.

Im Gegensatz zu vielen »KV«, also »kriegsverwendungsfähig« gestempelten und gelegentlich mehrfach an die Front geschickten Invaliden ließen sich etliche Angehörige der Oberschicht als »UK«, also »unabkömmlich« klassifizieren. Sie konnten die »hohen Gewinne« genießen, »die der Kriegsausbruch besonders auf dem Gebiet der Heereslieferungen einbrachte«.[62]

Kriegsküchen

Schon Mitte August 1914 eröffnete die von »Frau Geh. Kommerzienrat E. v. Borsig« gegründete »Kriegshilfe« eine Volksküche, die ihr Mittagessen für 15 Pfennige abgab. Besonders erwerbstätige Frauen versorgten sich hier mit einer Mahlzeit.

Gut ein Jahr später richtete die Gemeinde eine »Mittelstandsküche« ein, zunächst im Restaurant von Hanuseck in der Hauptstraße; bald konnte der Bedarf nicht mehr gedeckt werden, die Gemeinde übernahm die Mittelstandsküche in eigene Regie und betrieb sie in größerem Maßstab in der Bahnhofstraße 1 (heute Grußdorfstraße). Das Essen kostete zunächst 80 Pfennige, später kam eine »Kriegsküche« hinzu. Nun sanken die Preise: in der Mittelstandsküche auf 50 Pfennige, in der Kriegsküche auf 30 Pfennige. Ab Dezember 1917 hoben beide Küchen ihre Preise wieder an. Täglich erhielten hier 400 bis 500 Personen eine warme Mahlzeit. Der große Andrang führte dazu, dass das Angebot meistens schon zwischen 11.30 Uhr und 12.00 ausverkauft war und viele Menschen leer ausgingen.

Wenn man allerdings die allgemein katastrophale Lebensmittelversorgung betrachtet, überrascht das Angebot dieser Volks- und Kriegsküchen in Tegel. In Neukölln verfügte die Stadt zeitweise nicht einmal über genügend Lebensmittel, um die Zuteilungen auf Karten zu befriedigen. Als der Magistrat diesen Missstand öffentlich machte, schickte ihm der Militärkommandant den Staatsanwalt auf den Hals. Diese Differenzen in der Versorgung verschiedener Orte im Umkreis Berlins lassen sich auch damit erklären, dass Borsig Obst und Gemüse von seinem Gut Groß Behnitz lieferte und Beschäftigten Land zum Kartoffel- und Gemüseanbau zur Verfügung stellte.

Tegel subventionierte nicht nur die Küchen, sondern bot auch in speziellen »Gemeinde-Verkaufsstellen« Lebensmittel zu verbilligten

Preisen an. Im November 1917 eröffnete die Gemeinde in der Bahn-hofstraße 7 sogar einen Molkereibetrieb, den »Kuhstall«, der erhebliche öffentliche Kosten verursachte, aber vielen Menschen die Versorgung mit Milch sicherte. Wer konnte, hielt sich eine Ziege, die den Respekt-namen »Beamtenkuh« erhielt.

Gegen Ende des Krieges zählte Tegel »230 Kriegerwitwen, 230 Krie-gerwaisen, 30 Vollwaisen, 30 Kriegereltern und etwa 500 Kriegsbe-schädigte«.[63]

Kein Wunder, dass bei der Gemeindeverwaltung nahezu 2.000 An-träge auf Unterstützung eingingen – bei einer Einwohnerzahl von rund 20.000.

Streiks und Revolution

Der Reichstagsabgeordneten Karl Liebknecht hielt am 1. Mai 1916 auf dem Potsdamer Platz eine Kundgebung unter dem Motto »Nieder mit dem Krieg! Nieder mit der Regierung!« ab und wurde unmittelbar verhaftet. Gegen seine drohende Verurteilung streikten am 28. Juni – erstmals im Krieg! – in Berlin 50.000 Arbeiter. »Ein langer Demon-strationszug führte von Borsig zu den Deutschen Waffen- und Muni-tionsfabriken (DWM) nach Wittenau und dann in Richtung Moabit.«[64]

Der Reichstagsabgeordnete des Landkreises Niederbarnim, der Ju-rist Arthur Stadthagen, gehörte zu den Oppositionellen in der SPD-Reichstagsfraktion, die sich langsam gegen die Burgfriedens- und Kriegspolitik der Parteispitze wendete. Als die Oppositionellen 1917 of-fen gegen weitere Kriegskredite stimmten, wurden sie aus der Fraktion ausgeschlossen. Bald bildete ein Teil von ihnen den Kern der Unabhän-gigen Sozialdemokratischen Partei Deutschlands (USPD). Andere, dar-unter vor allem Karl Liebknecht, gründeten die Gruppe Internationale, aus der die Spartakus-Gruppe hervorging. Einflussreicher aber wurde die Gruppe der Revolutionären Obleute, obwohl in der Öffentlichkeit kaum bekannt. Als gewerkschaftliche Vertrauensleute verfügten sie in der Metallindustrie und damit in der Rüstungsindustrie über großen Rückhalt in den Belegschaften.

Im April 1917 begann der zweite große Streik während des Krieges, dessen unmittelbarer Auslöser die Senkung der Brotrationen war. Auch in Tegel sollen nahezu alle Betriebe bestreikt worden sein. Einerseits hatte die Februarrevolution in Russland deutlich gemacht, dass auch die Völker der anderen kriegführenden Mächte ein Ende von Hunger und Krieg wollten. Aber noch blieb es in Deutschland bei einem Hungerstreik. Die einzige politische Forderung war die nach sofortiger Rückkehr des gerade eingezogenen führenden revolutionären Obmanns Richard Müller. Die Militärverwaltung gab vage Versprechungen, um den Streik abzuwürgen, so das Versprechen, beim Berliner Magistrat eine Arbeiterkommission zur Ernährungslage einzurichten.

Ganz anders der Januarstreik von 1918, an dem sich reichsweit rund eine Million – in Berlin und Umgebung 500.000 – Arbeiterinnen und Arbeiter beteiligten. Nun lauteten die Forderungen: Verbesserung der Lebens- und Arbeitsbedingungen, Ende des Krieges ohne Gebietsansprüche und Kontributionen, Demokratisierung. Erstmals bildeten sich auf breiter Front Arbeiterräte.

Die Oberste Heeresleitung, die seit 1916 faktisch auch die politische Macht im Reich ausübte, hielt die Streiks der Arbeiter für kriegsentscheidend. Neben den Firmen Argus und Deutsche Waffen- und Munitionsfabriken (im späteren Bezirk Reinickendorf) ließ Generaloberst von Kessel als »Oberkommandierender in den Marken« auch die Firma Borsig besetzen und stellte sie ab 1. Februar unter verschärftes Kriegsrecht. Das hieß: Streikende Arbeiter konnten standrechtlich erschossen oder sofort an die Front geschickt werden.

Am 9. November 1917 stürmten Demonstranten das Tegeler Gefängnis und befreiten über 200 Militärhäftlinge.[65] Gegen 17 Uhr traf ein Lastauto mit bewaffneten Matrosen ein, sie entwaffneten die Polizisten und die Offiziere des 203er Regiments in der Treskowstraße. Die revolutionären Soldaten teilten rote Armbinden aus an die Soldaten, die sich auf die Seite der Revolution stellten, den anderen nahmen sie die Waffen ab. Bewaffnete Streifen mit den roten Binden patrouillierten durch die Straßen. Eine Regionalzeitung berichtete zehn Jahre später: »Am nächsten Tag verbrüderten sich die roten Soldaten mit den gefangenen Russen, die in der Gasanstalt arbeiteten. Abends fand im Borsig-Kasino eine Versammlung statt, in der Mitglieder des gebildeten Arbeiter- und Soldatenrates sprachen.« Fasziniert berichtete der Journalist vom Abmarsch der bisherigen englischen Kriegsgefangenen: »In funkelnagelneuen Uniformen zogen sie stolzen Schrittes mit Musik dahin als zur Heimat aufbrechende ›Sieger‹...«[66]

Ernst von Borsig gegen die Sozialdemokratie

Obwohl das Borsig-Unternehmen kurz vor dem Ersten Weltkrieg nicht mehr zu den bedeutendsten deutschen Firmen zählte, nahm Ernst Borsig, ab 1909 Ernst von Borsig, als Miteigentümer der A. Borsig GmbH Tegel wichtige Positionen in Arbeitgeberverbänden ein, so im Verein Berliner Metallindustrieller, im Gesamtverband Deutscher Maschinenbauanstalten und in der Vereinigung der Deutschen Arbeitgeberverbände. Die Borsigs gaben ihren Firmen einen sozialen Anstrich, ihre besondere Stellung auf dem (Welt-)Markt ermöglichte ihnen gewisse Zugeständnisse an die Beschäftigten. Gleichzeitig versuchte Ernst von Borsig, den wachsenden Einfluss der Sozialdemokratie zurückzudrängen, zum Beispiel durch Spenden an den Reichsverband gegen die Sozialdemokratie (von Sozialdemokraten »Reichslügenverband« genannt).[67]

Trotz solcher Bestrebungen erkannte Ernst von Borsig – wie ein wichtiger Teil der politischen und militärischen Elite – im Spätsommer 1918 die Zeichen der Zeit. Man versuchte, dem Zusammenbruch des Kaiserreichs durch eine »Revolution von oben« zuvorzukommen. Ernst von Borsig nahm Verhandlungen mit den Gewerkschaftsführern auf, besonders mit Carl Legien.

Offiziell strebten SPD und Gewerkschaften immer noch die »Sozialisierung« der Betriebe an. Um diesen schlimmsten Fall zu verhindern, war Ernst von Borsig zu Zugeständnissen bereit: Im sogenannten Stinnes-Legien-Abkommen, das von Borsig wesentlich mit ausgearbeitet hatte, erkannte die Arbeitgeberseite den Allgemeinen Deutschen Gewerkschaftsbund (ADGB) als alleinigen Tarifpartner an, verzichtete auf hauseigene, sogenannte gelbe Gewerkschaften, erklärte ausgehandelte Tarifverträge für allgemein verbindlich und – stimmte dem Achtstundentag zu. Die Vertreter der Arbeitgeber und der Allgemeine Deutsche Gewerkschaftsbund institutionalisierten ihre Kooperation in einer »Zentralarbeitsgemeinschaft«, deren Vorsitzender Ernst von Borsig wurde. In beiden Lagern war diese »Arbeitsgemeinschaftspolitik« umstritten. Ernst von Borsig legte 1920 den Vorsitz der Zentralarbeitsgemeinschaft nieder. 1924 – nach der Besetzung des Ruhrgebietes durch Frankreich – kündigten die Arbeitgeber den Achtstundentag auf; die Gewerkschaften verließen daraufhin die Zentralarbeitsgemeinschaft.

Parallel zur Arbeitsgemeinschaftspolitik verfolgte Ernst von Borsig eine andere Linie: Schon Anfang Januar 1919 erhielt er eine persönliche Einladung der Antibolschewistischen Liga; auf dem Treffen wurde mit Geldern der Größen aus Industrie und Finanzwelt der Antibolschewistische Fonds gegründet, der gegen die Führer der radikalen Linken vorgehen sollte. Wenige Tage nach dem Treffen der Liga wurden Rosa Luxemburg, Karl Liebknecht und im März der Arbeiterführer Leo Jogiches ermordet.

Nach dem Krieg hatte Borsig Glück im Unglück: Sein Werk baute die Lokomotiven, die Deutschland nach dem Versailler Vertrag als Reparationen an die Siegermächte liefern musste – gesicherte Aufträge, die der Staat bezahlte. Ein zweites Mal verdiente das Unternehmen so am Krieg, sogar noch am verlorenen. Und Borsig durfte in Tegel die beschädigten Lokomotiven der Reichsbahn reparieren. Dafür baute die Firmenleitung sogar eine neue riesige Lokomotivenreparaturhalle, die »Lorep«. Und sie legte ihr Geld bei umfangreichen Immobilienkäufen an.

Ernst von Borsigs Zahlungen an den Reichsverband gegen die Sozialdemokratie waren keine Einzelerscheinung. Auch Freikorps, darunter die Brigade Ehrhardt, unterstützte er finanziell. 1921 traf sich Ernst von Borsig zweimal mit Hitler, weil der ihm politisch interessant erschien, wie er später öffentlich bekundete. Er glaubte, in »Hitler einen Mann gefunden zu haben, der dazu beitragen könne, durch die von ihm ins Leben gerufene Bewegung die Kluft zwischen den verschiedenen Volksschichten, insbesondere durch die Wiederbelebung der nationalen Gesinnung der Arbeiterschaft, zu überbrücken.«[68]

Borsig hatte stets in seinen öffentlichen Äußerungen die Vorstellung abgelehnt, dass es zwischen Arbeitern und Unternehmern widerstreitende Interessen gäbe, die im Konflikt ausgetragen würden. Innerbetrieblich vertrat er eine Politik der »Werkgemeinschaft«, die unter den gegebenen Besitzverhältnissen auf die weitgehende Unterordnung der Arbeiterinteressen unter die der Unternehmer hinauslief. Konsequenterweise erschien ihm die »Volksgemeinschaft« als das passende Gesellschaftsmodell. Im März 1930 stellte Ernst von Borsig seine Unterstützung der Deutschen Volkspartei ein, weil diese im parlamentarischen Betrieb und im Wirtschaftsministerium seiner Meinung nach zu viele Kompromisse eingegangen war und kein Gegengewicht gegen »Zwangstarife«, »unmotivierte Lohnerhöhungen« und »Schiedssprüche« gebildet hatte.[69] Wie viele andere Großunternehmer sah Borsig im Kampf gegen Sozialausgaben des Staates und gegen soziale Errungenschaften der Arbeiterbewegung, vom gesetzlich geregelten Normalarbeitstag über Arbeitslosenversicherung bis hin zu Schlichtungsausschüssen bei Lohnforderungen, seine politische Hauptaufgabe. Den Nationalsozialisten misstraute er aufgrund ihres »sozialistischen« Vokabulars. Alle bürgerlichen Parteien sollten seiner Meinung nach gemeinsam »den Kampf gegen sozialdemokratische Wirtschaft« aufnehmen und das eine große Ziel ansteuern, die »Befreiung von den Wahnideen der Sozialdemokratie«.[70]

Kleinhaussiedlung gegen Wohnungsnot

Zunächst wirkte sich der Krieg entspannend auf die Lage auf dem Wohnungsmarkt aus: Die jungen Bräute, deren Männer eingezogen worden waren, blieben bei den Eltern wohnen; die Nachfrage nach Wohnraum sank, die Mietpreise fielen. Das änderte sich aber für Tegel in den nächsten Jahren, vor allem durch den Zuzug neuer Arbeitskräfte für die Rüstungsindustrie. Zudem fand seit Kriegsbeginn faktisch kein Wohnungsbau mehr statt.

Bereits Mitte 1915 sah sich die Gemeinde Tegel gezwungen, das für Berlin vorgeschriebene Mieteinigungsamt auch in Tegel zu eröffnen. Anfang 1918 verschärfte sich der Wohnungsmangel so, dass die preußische Regierung ein Wohnungsgesetz erließ und Wohnungsämter in allen Gemeinden über 100.000 Einwohnern einrichtete. Verstärkte Kontrolle auf Wohnungsmängel und gegen Mietwucher änderte jedoch nichts an der Situation, auf Grund derer Vermieter die Zwangslage der Wohnungssuchenden ausnutzten. Teuerung und Mangel an Baumaterial schreckten vom Bauen ab, auch bildete die Zerrissenheit Berlins, seiner größeren Vororte und der Umlandkreise ein Hindernis. Erst nach der Revolution beschlossen die Berliner Stadtverordneten einen Wohnungsverband mit fünf Nachbarstädten, Spandau und den Kreisen Teltow, Niederbarnim und Oberbarnim. Dieser Wohnungsverband stellte den Gemeinden Geldmittel vor allem für Kleinwohnungsbau zur Verfügung, um möglichst schnell die drängendste Not zu lindern. Gleichzeitig verfügten die Wohnungsämter nun mit den »Wohnungsnachweisen« und der Verpflichtung der Wohnungsbesitzer, jeden freien

An der Heide, Kleinhaussiedlung am Steinberg

Raum zu melden, über wirksame Mittel der Wohnraum-Zwangsbe-wirtschaftung, deren Beginn in der Wohnungsmangelverordnung vom 23. September 1918 gesehen wird. Ab September 1919 konnte das Wohnungsamt sogar Wohn- und Fabrikräume beschlagnahmen. In der Folge betraf dies auch Wohnungen in Borsig-Häusern.[71] In Groß-Berlin fehlten zu dieser Zeit rund 80.000 Wohnungen.

Mit Kriegsende strömten etwa sechs Millionen demobilisierte Sol-daten in die Städte und Dörfer Deutschlands zurück und benötigten Arbeit und Wohnung.

Die Gemeinde Tegel beschloss Ende Juni 1919, das 1909 angekaufte und zum Teil bereits erschlossene ehemalige Bauernland zwischen der heutigen Gorkistraße, Tile-Brügge-Weg, Ziekowstraße, Havelmüller-weg mit zweigeschossigen Häusern zu bebauen, genauer: weiter zu be-bauen, denn der gelbe Block hinter dem Humboldt-Gymnasium und die Villa des Lyzeumsdirektors standen bereits. Zur Linderung der un-mittelbaren Not sollte mitten in diesem Gelände sofort eine Kleinhaus-siedlung (am Steinberg) errichtet werden. Nur ein halbes Jahr nach Kriegsende begann der Bau, vom Architekten Ernst Hornig geplant;

bereits ein Jahr später konnten die Mieter in fünf Reihenhauszeilen, ein Doppelhaus und drei Mehrfamilienhäuser mit insgesamt 62 Wohnungen einziehen. Der Staat trug über ein Drittel der Baukosten für Häuser und Straßen in Höhe von 3,25 Millionen Mark.[72]

Das Land Berlin verkaufte die Siedlung in den Achtzigerjahren an die GSW, die sie wiederum nach jahrelanger Vernachlässigung an einen privaten Investor veräußerte. Der will die Häuser modernisieren und luxussanieren, die neuen Mieten, so fürchten langjährige Mieterinnen und Mieter, werden in eine für sie unbezahlbare Höhe steigen, weshalb sie einen zähen Kampf um ihren Verbleib und um eine sozialverträgliche Sanierung führen.

Nach 1920 wurden die weiteren Baupläne für Neu-Tegel wegen der Inflation zunächst nicht realisiert.

Tegel muss nach Groß-Berlin

Auch auf kommunalpolitischem Gebiet hatte die Revolution von 1918 gravierende Folgen für Tegel. Schon vor dem Krieg stellte die verwaltungstechnische Zersplitterung Berlins ein Entwicklungshindernis dar. Der *Tegeler Anzeiger* hatte 1905 vor der drohenden Entrechtung durch Berlin gewarnt und vor einem schrecklichen Ende in den Krallen des Berliner Bären.[73]

Erst mit dem Schwung der Revolution, der Abschaffung des Dreiklassenwahlrechts und der Stärkung der kommunalen Selbstverwaltung konnte das einheitliche Groß-Berlin geschaffen werden. Berlin vergrößerte am 1. Oktober 1920 sein Gebiet um das Dreizehnfache und stieg flächenmäßig zur zweitgrößten Stadt der Erde nach Los Angeles auf, nach der Zahl der Einwohner zur drittgrößten.

Tegel verschmolz am 1. Oktober mit sechs anderen Orten bzw. Ortsteilen und vier Gutsbezirken zum Berliner Bezirk Reinickendorf, dem 20. und letzten Bezirk. Ursprünglich hatte der Bezirk Tegel heißen sollen, aber dann galt für alle Bezirke, dass sie nach der größten Gemeinde benannt wurden.

Ihre selbstständige Existenz schloss die Gemeinde Tegel zum Ende des Jahres 1919 mit einem leichten Haushaltsabschluss ab. Kein Wunder, flossen hier doch dank Borsig reichliche Steuereinnahmen. Tegel verlor seine kommunale Selbstverwaltung und sein Rathaus. Die Aufgabe eines eigenen Wasser- und eines eigenen Gaswerks kann als sinnvoll angesehen werden – wie die Schaffung einer einheitlichen Verwaltungsstruktur für das neue Groß-Berlin insgesamt.

Allerdings stellte sich der Bezirk Reinickendorf als bunt zusammengewürfeltes Gebilde dar, das Dörfer wie Lübars und Heiligensee, großindustriell geprägte Ortsteile wie Wittenau und Tegel und vornehme Wohngegenden wie Frohnau umfasste.

Putsch und Aussperrung

In den Januar-Kämpfen 1919 siegte die sozialdemokratische Reichsregierung über den radikalen Flügel der Revolution mit Hilfe der Wehrmacht. Keineswegs aber gab sich das Militär mit seiner Rolle als Stütze der Republik zufrieden, führende Militärs drängten auf den Sturz der verhassten Republik. Als Anlass zum Losschlagen nahmen sie die von den Siegermächten angeordnete und im Versailler Vertrag festgelegte Reduzierung der Streitkräfte auf 100.000 Mann und die Auflösung der Freikorps. Die Marine-Brigade Erhardt, stationiert in Döberitz vor den Toren Berlins, beantwortete den Befehl zu ihrer Auflösung mit dem Marsch in die Reichshauptstadt, der Besetzung des Regierungsviertels und der Absetzung der Regierung, die jedoch rechtzeitig fliehen konnte. Zuvor hatte Reichskanzler Ebert zum Generalstreik gegen die Putschisten aufgerufen.

Dieser Aufruf wurde in unerwarteter Einmütigkeit befolgt – auch bei Borsig. Der Generalstreik vom 13. März 1920 war die größte und einheitlichste Aktion der deutschen Arbeiterklasse. Auch diejenigen, die den Mehrheitssozialdemokraten kritisch bis feindlich gegenüberstanden, sahen die Notwendigkeit zum Handeln: Niemand wollte die Verantwortlichen für Hunger und Krieg wieder an der Macht sehen. Demgegenüber traten Meinungsverschiedenheiten über die Aufgaben der Betriebsräte und über anzustrebende Sozialisierungen zurück. Auch die gut ein Jahr zuvor gegründete KPD beteiligte sich nach anfänglichem Zögern an dem Streik. So bildeten die Parteien der Linken und die Gewerkschaften bis hin zum Beamtenbund eine einheitliche Front und brachten damit die Kampfbereitschaft in den Betrieben zum Ausdruck. Die Brigade Ehrhardt rückte bei Borsig in Tegel ein, sie kannte die Bedeutung dieses Großbetriebs für den Erfolg des Streiks.

Die Putschisten hatten ihre Aktion schlecht vorbereitet und waren sich nicht einig, letztlich standen sie der geschlossenen Streikfront machtlos gegenüber. Nach fünf Tagen gaben sie auf, nachdem man ihnen mehr oder weniger Straffreiheit zugesichert hatte.

Auch in Tegel war am Samstag, den 13. März, der Generalstreik proklamiert worden; tatsächlich standen alle Räder still. Ein Aktionsausschuss aus je zwei Vertretern von SPD, USPD und KPD übernahm die Leitung des Streiks und die Versorgung der Bevölkerung, zusammen mit der Polizei sorgte er für Sicherheit und Ordnung.

»Am Mittwochabend (17. März) durchfuhr ein Militärauto die Berliner Straße, leuchtete die Straße, die Häuser sowie Fenster und Eingänge mit Scheinwerfern ab. In der Nähe der Veitstraße wurden aus dem Auto Handgranaten geworfen, Schüsse fielen. Die Straße war noch belebt, viele Menschen kamen von abendlichen Versammlungen. Der Hammerschmied und Tegeler Gemeindevertreter der SPD Wilhelm Witzke und der Wächter Otto Grötchen aus Reinickendorf, beides Familienväter, wurden getötet, der Arbeiter Peuer (Tegel) durch Beinschuss schwer verletzt. – Am folgenden Tag (Donnerstag, 18. März) wurde der Magistratssekretär Karl Felgentreff in der Schlieperstraße erschossen, als er Soldaten stellte, die offensichtlich Treibriemen gestohlen hatten.« Keiner der Täter wurde ermittelt, allerdings fand sich in den Akten die Angabe: »von Beamten der Sicherheitspolizei erschossen«.[74]

In Hennigsdorf ging das Gerücht um, die »Baltikumer«, wie die Freikorps-Männer in Arbeiterkreisen genannt wurden, hätten bei Streifgängen in Tegel Einwohner erschossen. Dort hatten sich die Arbeiter bewaffnet, sogar aus Tegel sollen Hunderte nach Hennigsdorf gekommen sein, um sich mit Waffen zu versorgen. Die Freikorps-Truppen wollten Hennigsdorf militärisch einnehmen, sie bereiteten ihren Angriff mit Artilleriefeuer vor. Festgenommene bewaffnete Arbeiter erschossen sie sofort standrechtlich. Unter diesen waren auch vier Tegeler, die entweder als Pendler in Hennigsdorf arbeiteten (bei der AEG oder im Stahlwerk) oder die die Arbeiterwehr in Hennigsdorf verstärken wollten: Willi Kluge (37 Jahre), Gustav Dutschke (23 Jahre), Franz Hohendorf (20) und Otto Haak (19).

Diesen vier am 22. März getöteten Arbeitern aus Tegel ist eine Erinnerungsstele auf dem alten Tegeler Friedhof gewidmet; allerdings zeigt die Stele nur die Namen, Geburtsdaten und das Todesdatum an. Die Ursache ihres Todes wird verschwiegen, lapidar heißt es: »Gefallen«.

Gedenkstein für die Tegeler Toten des Kapp-Putsches, Friedhof Tegel

Der »Bund der Kriegsbeschädigten und Hinterbliebenen – Ortsgruppe Tegel« formulierte hingegen in einer Zeitungsanzeige für Dutschke und Hohendorf 1920: »... als letzten Gruß für die im Kampf um die Freiheit gefallenen Genossen«.[75]

Mit dem Sieg über die Putschisten war die Republik zunächst gefestigt. Die Arbeiter in den Betrieben nutzten die neu geschaffenen Betriebsräte, um auch auf betrieblicher Ebene Verbesserungen zu erreichen. Als die Firma Borsig im Oktober 1920 einen größeren Elektro-Ofen ins autoritär regierte Horthy-Ungarn liefern wollte (die Räte-Republik dort war gut ein Jahr zuvor gestürzt worden), sprach sich der Betriebsrat dagegen aus; der Transport wurde aktiv behindert. Das führte zu erheblichen Auseinandersetzungen. Die Borsigs ergriffen die Gelegenheit, ihre Macht zu demonstrieren und den Einfluss der Arbeitervertreter zurückzudrängen: Sie sperrten vom 1. bis 18. November 1920 die Beschäftigten aus.[76]

Welch guten Ruf Borsig als zuverlässiger Lieferant immer noch genoss, schilderte Walter Benjamin in einem frühen Hörspiel. Er hatte zwischen 1920 und 1923 Rundfunkvorträge für Kinder geschrieben, in denen er ihnen Berlin näherbrachte. In einem dieser Vorträge begab er sich mit seinen Hörern in die Werkhallen von Borsig und beschrieb anschaulich die Fertigung. Dabei erwähnte er auch folgendes Meisterstück Borsigscher Fertigungstechnik: »Als für die Untergrundbahn-Strecke Spittelmarkt –Alexanderplatz die Spree untertunnelt werden musste, senkte sich der Kopf des fertigen Tunnelteiles. Es drang Wasser in den Tunnel, und der ganze Bau wurde schwer gefährdet. Morgens um zehn Uhr hatte die Bauleitung eine Besprechung mit Borsig. Borsig schlug vor, fünf Riesenpumpen aufzustellen, die pro Minute alle zusammen 125 Kubikmeter Wasser heben sollten. Nachmittags um drei Uhr ging die Bestellung auf Lieferung der vorgeschlagenen Pumpen in Tegel ein. Trotzdem alle Zeichnungen neu gemacht werden mussten, rollten abends um elf Uhr alle fünf Riesenpumpen fertig zum Tor hinaus. Am nächsten Morgen wurden sie in Betrieb gesetzt, und in zwei Stunden war die Baustrecke der U-Bahn gerettet.«[77]

Die Lazarett-Rebellion

In Tegel waren schon im Oktober 1914 in den Restaurants »Tusculum« und »Kaiser-Pavillon« Lazarette eingerichtet worden, später im Schlossbezirk zusätzlich im Sanatorium – nicht unattraktiv für die Besitzer, konnten sie doch regelmäßig eine hohe Pacht einstreichen. Die ersten Kriegsversehrten wurden am Bahnhof noch mit Pauken und Trompeten empfangen und mit Liebesgaben überhäuft. Aber mit dem Fortgang des Krieges und den zunehmenden Entbehrungen der Zivilbevölkerung schwanden das Interesse an und das Mitleid mit den Invaliden.

Noch im Januar 1921 beherbergte der »Kaiser-Pavillon« 260 Patienten. Diese hatten im Zuge der allgemeinen Räte-Bewegung eine eigene Interessenvertretung, einen Betriebsrat, gewählt. Ortschronist Wietholz berichtete folgenden Vorfall: »Als der Chefarzt Med.-Rat Dr. Saar eines Tages eine Baracke betrat, stürmten etwa 150 Insassen herein und stießen gegen ihn unerhörte Drohungen aus, die das Schlimmste befürchten ließen. Nur mit Mühe konnte sich der Arzt einen Weg durch die Menge bahnen. Diese drängte ihn zum Lazarett-Tor hinaus mit der Drohung, er solle sich nicht wieder sehen lassen.«[78] Nicht überliefert ist, warum sich der Zorn der Insassen gegen den Chefarzt richtete und welches ihre Forderungen waren.

Die Obrigkeit reagierte: Einerseits wurde das Lazarett im März auf-
gelöst, 80 Patienten wurden auf andere Einrichtungen verteilt, die anderen 180 entlassen; so hatte man die gut organisierte Gruppe zerschla-
gen. Andrerseits erkannte das Versorgungsamt die Not der Invaliden an
und bewilligte »nochmals 50.000 Mark Ablösungsgelder.«[79] Das hört
sich großherzig an, aber auf den einzelnen Patienten entfielen damit
278 Mark. Bisher erhielten diese Patienten an Löhnung und Kleidergeld
6,40 Mark pro Tag; das »Ablösungsgeld« war also eine Abfindung, die
gerade einmal das bisherige Geld um sechs Wochen verlängerte. Und
dann?

Schon einen Monat später stellte auch das Lazarett im »Tusculum«
seinen Betrieb ein, ein Jahr darauf das im Sanatorium.

Schulreform auf Scharfenberg

Die Novemberrevolution von 1918 schärfte auch das Bewusstsein,
dass die Schulen nicht mehr weiterarbeiten konnten wie im Kaiserreich. Der Vereinigungsparteitag von USPD und KPD 1920 verabschie-
dete das Konzept »proletarischer Elternräte«, das Grundlage für einen
»Schulkampf« proletarischer Eltern sein sollte. Aber auch innerhalb der
Lehrerschaft regten sich erneut Reformpädagogen, die aus der Tradition der Landerziehungsheime hervorgingen. Das Motto »Raus aus der
schädlichen Stadt – rein ins Grüne« prägte sie ebenso wie das Ziel, die
Schüler mit Herz, Kopf und Hand lernen zu lassen.

Der Gymnasiallehrer Wilhelm Blume konnte mit Unterstützung
der USPD-Stadträtin Clara Weyl auf der Insel Scharfenberg im Tegeler
See eine Reformschule für Jungen aufbauen. Da sie als Internat konzi-
piert war und so aus dem Rahmen des öffentlichen Schulwesens fiel,
musste sie zunächst als »Privatschule des Magistrats« geführt werden.
Von vornherein kamen relativ viele Arbeiterkinder hierher, weil es einen Aufbauzug für Abgänger der Volksschule gab und das Schulgeld
relativ niedrig war.

Wilhelm Blume wollte die Initiative der Schüler, ihre Selbsttätigkeit
und Gemeinschaftsfähigkeit entwickeln. Das blieb bei ihm kein ab-
strakter Programmpunkt. Die »Abendaussprache« leiteten drei Schüler
und ein Lehrer; viele Regeln für das Zusammenleben wurden bei diesen Aussprachen entwickelt, bei Abstimmungen hatten Lehrer, Schü-

ler und andere Schulbeschäftigte wie die Innungsmeister, Fährmänner und Hausmeister das gleiche Stimmrecht – ein radikaldemokratisches Experiment. Wilhelm Blume krempelte den gesamten herkömmlichen Unterricht um, er setzte nicht auf abfragbares Wissen, sondern auf selbst erarbeitete Erkenntnis, er experimentierte mit Projektarbeit und fächerübergreifenden Themen. Besonders gern führte Blume Theaterstücke auf, an denen nach Möglichkeit die gesamte Schülerschaft aktiv beteiligt war. Auch das Kern-Kurs-Modell gehörte zu den Errungenschaften Scharfenbergs, es floss in den Siebzigerjahren in die Oberstufenreform der Bundesrepublik ein.

Eine besondere Rolle spielte die praktische Arbeit, ein weiterer gravierender Unterschied zu normalen Schulen. Die 23 Hektar der Insel boten genug Gelegenheit zum Arbeiten: Bienenzucht, ein Bauernhof mit Kühen und Schweinen, eine Gärtnerei mit Baumschule. Die Schüler mussten sich für eine »Innung« entscheiden, neben Landwirtschaft und Gärtnerei waren das auch eine Tischlerei und eine Schlosserei. In seiner Innung erwarb der Schüler über mehrere Jahre gründliche Kenntnisse und Fertigkeiten. Während der Inflation (und ähnlich nach dem Zweiten Weltkrieg) versorgte sich die Internatsgemeinschaft teilweise selbst mit Kartoffeln, Salat und Gemüse und überlebte so finanziell. Heute können die Jungen und – seit 1945 – Mädchen auch in einer Töpfer- und Druckwerkstatt sowie in einem Fotolabor arbeiten und lernen.

Nach 1933 gestaltete ein NS-Direktor die Schulfarm zu einer Pflanzstätte nationalsozialistischer Erziehung um. Wer nicht in die Hitler-Jugend eintrat, musste 1934 die Schulfarm verlassen, das war immerhin rund die Hälfte der Schüler. Auch Widerstandskämpfer gingen aus den Kreisen der Schüler hervor, so Hans Coppi und Hanno Günther, beide 1942 in Plötzensee hingerichtet, und Heinrich Scheel, ab 1972 Vizepräsident der Akademie der Wissenschaften der DDR. Heinrich Scheel beschrieb, was die Scharfenberg-Gemeinschaft für ihn im Widerstand bedeutete: »Die Zugehörigkeit zu einer Gemeinschaft von Menschen, die sich füreinander verantwortlich fühlten und dabei eine Toleranz übten, die Gesinnungsunterschiede gelten ließ, sofern sie diesen Gemeinschaftsgeist nicht zerstörten, war ein unversiegbarer Kraftquell jeglichen Widerstandes.«[80]

In der Wirtschaftswunderzeit nach dem Zweiten Weltkrieg verflachte die reformpädagogische Tradition mit den Jahren, die Schulfarm wurde unter das Berliner Schulverfassungsgesetz gestellt. Erst als der Berliner Senat 1996 mit einer Schließung der kleinen, dabei so normal gewordenen Idylle drohte, setzte man sich wieder mit der Frage auseinander, wie der reformpädagogische Impuls aktuell genutzt und gestaltet werden konnte.

»Als wir in Tegel lebten noch …«

Bereits im Ersten Weltkrieg wurden einige größere Ausflugslokale in Tegel als Lazarette genutzt. In den Zwanzigerjahren sollte wieder an die Ausflugstradition der Vorkriegszeit angeknüpft werden. Dem standen zunächst die kargen Nachkriegsjahre und die Inflation entgegen. Aber dann florierte das Geschäft doch … für ein paar Jahre. Und so besang Claire Waldoff Tegel als beliebten Vergnügungsort einfacher Leute, doch haftete ihrem Lied schon ein wenig Melancholie an:

> In Tegel, in Tegel gibt's lock're Vögel
> Text und Musik: Schmidt-Hagen (1917/18)
>
> Ick sage immer: Schön war't doch,
> als wir in Tegel lebten noch.
> Ick war een kleenet Ding,
> det Tüten kleben jing.
> Kam ick mit meinem Wochenlohn,
> stand vor der Tür mein Willem schon.
> Er sagte: Kleene Maus, kleene Maus,
> wie is, jeh'n wir nach Haus?
> Nach Haus, det globste selber nich,
> mein Willem, mein Verjissmeinnich,
> heut wird die janze Nacht
> beim Ringelpietz verbracht.
> For Arbeet war er nich so sehr,
> for Schwofen aber desto mehr,
> im Tanzen war er jroß,
> da jing er mächtig los.
> Det war noch damals ein Verein,
> so schön konnt's nur in Tegel sein.
>
> In Tegel, in Tegel
> gibt's lock're Vögel.
> Wer noch nie in Tegel hat jeküsst,

weiß nich, wie süß die Liebe ist,
weiß nich, wie süß die Liebe ist.

Jab's nach dem Tanzen Keilerei,
ick und mein Willem war'n dabei.
Ick schlug jenau wie er,
bloß leichter, nich so schwer.
Zwar blieb mein Haar dabei nich kraus,
man riss mir oft den Willem aus,
doch so'ne Kleinigkeit
stört nich die Einigkeit.
Besah'n wir uns am Schluss jenau,
war'n Willems Augen meistens blau,
mir fehlte uff'n Kopp
der lange, falsche Zopp.
Zwei Zähne saßen Willem schief,
doch quietschvergnügt mein Liebster rief:
Nö, wie mir det jefällt,
hier hat man wat for's Jeld.
Denk ick daran, wird's Herz mir schwer,
die schöne Zeit, die kommt nie mehr![81]

Man denkt sofort an »Bolle reiste jüngst zu Pfingsten …« – allerdings hatten sich die Zeiten und die Perspektive geändert: Nun stand die erzählende Frau im Mittelpunkt. Wie bei Bolle zog die traditionelle Keilerei liebevoll geschilderte Blessuren nach sich; im Gegensatz zum Bolle-Lied prügelte sogar die Liebste ein wenig mit – »bloß leichter, nicht so schwer«.

Im Zweiten Weltkrieg fanden die Gaststättenbetreiber wieder eine sichere Einnahmequelle: Sie verwandelten ihre Etablissements in Zwangsarbeiterunterkünfte.

Endlich Wohnungen

Kaum waren die mageren Nachkriegsjahre und die Inflation überstanden, widmete sich die Republik dem sozialen Wohnungsbau, besonders dort, wo es auf kommunaler Ebene eine sozialdemokratische oder eine SPD-KPD-Mehrheit gab. Vor 1929 verfügten SPD und KPD in Reinickendorf über doppelt so viele Mandate wie die bürgerlichen Parteien – bei einem Arbeiteranteil an der Bezirksbevölkerung von 46 Prozent.

Genossenschaftssiedlung »Freie Scholle«: der Schollenhof (die Balkons liegen an der Straßenseite)

Nach 1918 erwarb die »Freie Scholle« das westlich anschließende Bauland und baute mit Hilfe der gewerkschaftseigenen Gehag ab 1925 eine große Wohnsiedlung, vor allem den Schollenhof.

Der Schollenhof zeigte den radikalen Wandel in der Zielsetzung der Genossenschaft: Keine Reihenhäuser mehr (die Bruno Taut zunächst noch baute), kein eigenes Stück Land – nun sollten die Genossen zur Miete (die nicht so heißt) in eine Geschosswohnung ziehen. Aber der Schollenhof stand für ein neues Konzept des sozialen Bauens als realistische und preiswerte Alternative zur Mietskaserne. Bruno Taut entwarf helle Flachdachbauten mit Balkons in Licht, Luft und Sonne rund um einen großen grünen, öffentlichen Hof. Zu einer Wohnung gehörten zwei Zimmer, Küche, Bad und Balkon – ein großer Fortschritt gegenüber dem Mietskasernenbau noch dreißig Jahre zuvor und den ersten Borsig-Wohnungen in Borsigwalde. Allgemein durften keine Dreispänner-Wohnungen mehr gebaut werden, das heißt solche, die vom Treppenhaus nur zur Hofseite Fenster aufweisen, also nicht durchlüftet werden konnten.

Ab 1926 begann die Bebauung des bereits 1909 geplanten Wohngebietes Neu-Tegel, bei der man sich weitgehend an die ursprünglich vorgesehene Blockrandbebauung hielt. Als erste erstellte die Wittenauer Heimstätten-Gesellschaft Primus m.b.H. Häuser entlang des heutigen Tile-Brügge-Wegs (Hausnummer 64–97), die wie ein Riegel die Kleinhaussiedlung am Steinberg vom Durchgangsverkehr auf dem Tile-Brügge-Weg abschirmen. Mit unterschiedlichen Farben versuchte man, die sonst eintönig wirkende einheitliche Fassade der Wohnblocks abwechslungsreicher zu gestalten. Besondere Aufmerksamkeit riefen diese vom Architekten Wilhelm Büning entworfenen Bauten durch die Sgraffito-Verzierung der Eingänge hervor. Büning hat später auch an der »Weißen Stadt« an der Aroser Allee in Reinickendorf mitgewirkt – im Stil der Neuen Sachlichkeit mit Flachdach. Die Sgraffito-Verzierung verleiht dem Hauseingang Zierde und etwas Spielerisches.

1929 setzte die »Roland«, eine gemeinnützige Baugesellschaft, die Bebauung des Gebietes massiv fort, zunächst an den östlich und westlich freien Seiten der Kleinhaussiedlung (Rohrbrunnerweg, Havelmüllerweg, Myrtenweg), zügig weiter mit den Blöcken zwischen Gorkistraße (Nummer 23–103) und Tile-Brügge-Weg (Nummer 4–86). Das Gelände vom Borsigwalder Weg bis hier war gut zu bebauen: Wald, beziehungsweise »Heide«, gab es nicht mehr, in der Notzeit von 1919 bis 1921 hatten Anwohner die Bäume gefällt.

Den südlichen Teil der Gorkistraße bebaute 1929/30 ebenfalls eine gemeinnützige Baugesellschaft, die »Gruppe Nord« (Gorkistraße 28–70), hier konsequent mit Flachdach (und sogar mit Garagenhof) nach Entwürfen von Erwin Gutkind. Gutkind wirkte als Architekt, Planer und Architekturtheoretiker und gilt als Repräsentant der klassischen Moderne. Die Haustüren erhielten rot-orangefarbene Einfassungen, die Fassade ist durch den Wechsel zwischen Putz und rotem Klinker aufgelockert. Verglaste Treppenhäuser betonen die Senkrechte.

Sanatorium »Schloss Tegel«

Eigentlich hatte die Schlossbesitzerin den Betrieb eines Sanatoriums auf ihrem Grund und Boden ausdrücklich abgelehnt, um den vornehmen Charakter des Villenviertels zu gewährleisten. Aber dann änderte sie ihre Ansicht. Die Gutsverwaltung erstellte selbst das herrschaftliche Gebäude für eine Klinik – größer als der »Kaiser-Pavillon«!

1905 konnte das »Sanatorium Schloss Tegel« in der Campestraße 11 seinen Betrieb aufnehmen. Es firmierte als »Spezial-Heilanstalt für Behandlung jeder Art von Tuberkulose, Krebs und inneren Krankheiten nach dem Stedingschen Verfahren«. Dieses Verfahren wird längst nicht mehr angewendet, damals aber lockte es zahlungskräftige Kundschaft mit dem Versprechen auf Heilung: Das Stedingsche Präparat – ausdrücklich »ohne bakterielle Zusätze« – schädige die Hülle des Tuberkelbazillus und stärke den »Selbstschutzapparat des Körpers«. Die Erfolge blieben aus, das Sanatorium ging pleite, der Betreiber hatte sich nur kurzfristig saniert. Ein Nachfolger trat seriöser auf: Ernst Simmel wollte hier ab 1927 psychische Erkrankungen heilen (»schwere Fälle« untersagte die Schlossherrin) – ebenfalls nach einer neuen Methode: der Psychoanalyse. Das Sanatorium Schloss Tegel war die erste Klinik weltweit, die nach Sigmund Freuds Psychoanalyse arbeitete, und sie vereinte Forschung, Ausbildung und Praxis. Freud selbst weilte während seiner Krebsbehandlung in Berlin hier und erteilte der Einrichtung seinen Segen. Nach der Weltwirtschaftskrise konnte sich die Klinik nicht halten und musste trotz internationaler Bemühungen geschlossen werden. Das Haus wurde 1974 abgerissen.

Schwarze Wolken über Borsig

1922 fühlten sich die Borsig-Brüder im Aufwind, sie hatten die schwierige Nachkriegszeit gut überstanden und konnten wieder expandieren. Das von den Siegermächten verhängte Exportverbot lief aus. Am Tegeler See errichtete Borsig eine neue Kohlenförderanlage, der Hafen wurde erweitert. Für die dringend erforderlichen neuen Angestellten-Büros baute man nach amerikanischem Vorbild in die Höhe. Das Bürogebäude wurde Borsigs Prestige- und Berlins erster Stahlskelettbau, ein Hochhaus von 65 Metern Höhe.

Der Architekt Eugen Schmohl, der schon die Borsig-Villa auf Reiherwerder entworfen hatte, bearbeitete die Pläne künstlerisch. Ein solches Hochhaus als Klinkerbau auszuführen, war durchaus konventionell, nicht aber die neue expressionistische Formensprache. Nichts erinnerte mehr an märkische Backsteinkirchen, nichts an einen Kirch-

Borsigturm

turm; der Architekt durfte spielen und eine markante Silhouette schaffen, die schnell zum Wahrzeichen des Borsigwerks in Tegel wurde. Beim Genehmigungsverfahren stieß man auf Widerspruch; erst gegen einen namhaften Betrag für Spiel- und Sportplätze ließen die Berliner Behörden ihre Bedenken gegen das Bauwerk fallen.

Auch an anderen Bauten Tegels schlugen sich bald expressionistische Stilelemente nieder. Das abgerundete Mietswohnhaus Gorkistraße Ecke Buddestraße weist Treppenfenster auf, die als Zacken in die Straße hineinragen und als »Thermometerfenster« ausgeführt wurden, das heißt: Nur schmale Stege trennen wie Thermometerstriche die Etagenfenster voneinander, ein Gestaltungsmerkmal der Bauhausarchitektur. Ähnliche Zacken findet man auch an dem kleinen Elektrizitätswerk von 1926 in der Buddestraße 24–26, das der Umwandlung des Wechselstroms in S-Bahn-tauglichen Gleichstrom dient. Hier ist der ganze Bau von vorspringenden, von unten nach oben durchgemauerten Zacken geprägt.

Doch Borsigs Imperium begann zu wanken. Bereits mit ihrer Gründung 1920 hatte die Reichsbahn begonnen, ihre Bestellungen von

Schornstein zur Schmiede   Borsig-Turm   Gaswerk Tegel   Stahlwerk   Werks-Berufsschule

Panoramablick auf das Tegeler Borsigwerk, mit Gaswerksbehältern, Ende der Zwanzigerjahre

Dampflokomotiven nach festen Quoten vorzunehmen, um auch kleineren Firmen eine Chance zu geben. Neue Anbieter etablierten sich, der Markt war hart umkämpft. Borsig musste sich mit 8 Prozent begnügen, während Henschel in Kassel 21 Prozent ergatterte, auch Schwartzkopff und Hanomag überrundeten mit 10 Prozent Borsig. Die Kapazität der deutschen Lokomotivbauer lag bei 4.500 bis 5.000 Lokomotiven pro Jahr; vor dem Krieg waren auf dem deutschen Markt rund 1.600 bestellt worden. Zwei Drittel der Produktion wurden nun im Ausland abgesetzt oder die Überkapazitäten abgebaut.

1925 mussten die Borsig-Brüder eine »selbstschuldnerische Bürgschaft« für ihre Tegeler GmbH gegenüber der Deutschen Bank übernehmen. Ausdrücklich baten sie um Geheimhaltung, die Veröffentlichung dieses Schrittes würde ihre Kredite verteuern.

Im März 1926 musste der Borsig-Verwaltungsrat für das zurückliegende Jahr einen Verlust von 3,9 Millionen Mark zur Kenntnis nehmen; man war sich einig, dass diese Zahl nicht nach außen dringen durfte. Die Borsig-Brüder reagierten mit einer drastischen Entlassungswelle auf die katastrophale Unternehmenslage, sie entließen 1925 von 5.165 Arbeitern 2.230 (43 Prozent) und von 1.393 Angestellten 364 (auch hier noch 26 Prozent)![82] Diese Krise des Unternehmens hatte nichts mit der Weltwirtschaftskrise zu tun.

Zwar konnte Borsig 1928 erstmals wieder ein positives Ergebnis in einer Halbjahresbilanz ausweisen; trotzdem war die Lage mit Bankschulden von 12,7 Millionen Mark unhaltbar, denn für diese Schulden mussten bei einem Zinssatz von 8,4 Prozent jährlich rund eine Million Mark Zinsen gezahlt werden. Da gelang es, einen wichtigen Auftrag zu erlangen: das Ohio-Projekt. Borsig durfte ein ganzes Werk in den USA bauen.

Im gleichen Jahr aber stürzte die Reichsbahn die gesamte Branche des Lokomotivbaus in eine dramatische Krise; sie kündigte an, in den nächsten beiden Jahren keine Lokomotiven zu bestellen. Ein hektischer Kampf ums Überleben begann. Drei der größten Quotennutzer, Henschel, Schwartzkopff, Borsig sowie Maffei (mit einer 4-Prozent-Quote), schlossen sich zur Arbeitsgemeinschaft Lokomotivbau zusammen. Sie forderten Staatskredite, um als starke Exporteure weiter existieren zu können. Klar war, dass dann die nicht exportorientierten Betriebe Konkurs anmelden müssten. Sie bildeten ihrerseits eine Arbeitsgemeinschaft und legten der Reichsbahn ebenfalls ihre Vorstellungen dar. Die Reichsbahn vermied eine einseitige Festlegung, schlug stattdessen die Stilllegung von Kapazitäten mittels freiwilligen Quotentauschs vor. Auch die Borsigs verhandelte mit mehreren anderen Firmen, da dem Unternehmen trotz des Ohio-Auftrags das Wasser bis zum Halse stand; man wusste um die Überschuldung des Unternehmens. Am liebsten hätten sich die Brüder mit der AEG den Lokomotivbau geteilt: Borsig würde die Lokomotiven bauen, die AEG sie ausrüsten. Auch wurde ein Zusammengehen mit Schwartzkopff und Siemens geprüft, um in der Kooperation die beiden Firmen gegeneinander ausspielen zu können und um sich dem Würgegriff der Deutschen Bank zu entziehen. Aber noch saßen die Brüder Borsig auf hohem Ross und glaubten, Bedingungen stellen zu können.

Die Krise der Branche sprengte das Kartell der Lokomotiv-Exporteure. Im Kampf um einen überlebenswichtigen Auftrag der jugoslawischen Staatsbahn wurden alle Absprachen der Arbeitsgemeinschaft unterlaufen. Borsig unterbot den – unter eigener Beteiligung! – vom Kartell festgelegten Preis, an dem sich Henschels Angebot orientiert hatte, um mehr als 15 Prozent und erhielt den Auftrag über 110 Lokomotiven im Wert von ungefähr 16,5 Millionen Mark. Henschel tobte und unterbot seinerseits Borsig kurz vor Vertragsabschluss im April 1929, so dass die Tegeler einen weiteren Preisnachlass von zwei Prozent einräumen mussten. Borsig stand in der Branche als Vertragsbrecher dar und war geächtet. Trotzdem schloss man sich noch einmal zu einem Konsortium zusammen und konnte im Herbst 1929 gemeinsam einen Auftrag mit der rumänischen Staatsbahn über 100 Lokomotiven abschließen.

Angesichts der Verschuldung des Borsigwerks übte die Deutsche Bank im Herbst 1929 Druck aus, sich mit Schwartzkopff zusammenzuschließen, andernfalls würde man den Kredithahn zudrehen. So mussten sich die Borsig-Brüder aus dem Lokomotivgeschäft zurückziehen und ihre Quote »wegen finanzieller Schieflage« für fünf Millionen Reichsmark an die AEG verkaufen. Die Produktion übernahm nun eine gemeinsame Firma mit der AEG, die Borsig-Lokomotivwerke GmbH Hennigsdorf, an der die AEG allerdings einen bestimmenden Anteil von 60 Prozent hielt.

Noch einmal stieg bei Borsig die Beschäftigtenzahl durch den Jugoslawien-Auftrag auf 6.000; man musste nach den Massenentlassungen von 1926 kurzfristig umfangreiche Neueinstellungen vornehmen. Aber alle wussten: Demnächst wird es wieder abwärts gehen. Von den über hundert Lokomotiven des Rumänienauftrags durfte Borsig nur zwölf bauen.

Ende 1931 übernahm die AEG das Hennigsdorfer Werk und besiegelte damit offiziell das Ende der langen Tradition des Lokomotivbaus bei Borsig, auch wenn das Hennigsdorfer AEG-Werk weiter »Borsig« im Namen trug. Zu DDR-Zeiten wurden daraus die LEW – Lokomotivbau und Elektrotechnische Werke Hans Beimler; heute gehört das Werk zum Bombardier-Konzern.

Parallel zum Lokomotivbau in Hennigsdorf stellte Borsig in Tegel die Fertigung von Dampfpflügen, Junkers-Motoren und Sauglingen (Staubsauger für den Hausgebrauch) ein.

In der kommentierten Bilanz vom März 1930 legten die Finanzfachleute der Tegeler Firma ein denkbar schlechtes Zeugnis vor. Im Unterschied zur branchendurchschnittlichen Eigenkapitalquote von 55 Prozent betrug der Anteil des Eigenkapitals bei allen Borsig-Unternehmen nur 33 Prozent, bei Borsig Tegel waren es sogar nur 20 Prozent. Bei den Krediten sollte es sich typischerweise zu zwei Dritteln um langfristige handeln; Borsig Tegel hingegen finanzierte sich nahezu ausschließlich über kurzfristige Kredite. Das Urteil der Experten klang vernichtend:

»Damit ist falsch finanziert worden!« Im Ergebnis stellten sie fest, »dass wir in der Tegeler Bilanz so ziemlich in allen wichtigen Verhältniszahlen beim Aufbau unseres Kapitals und unseres Vermögens daneben liegen.«[83]

Verzweifelt versuchten die Eigentümer, über Lohnsenkungen die Firma zu retten, sie handelten sich den Ruf »Einpeitscher des Lohnabbaus« ein. Detailliert berichtete *Berlin am Morgen* am 28. Oktober 1931 über die Hebel, die 1930 auf verschiedenen Ebenen angesetzt wurden: Für die Nieter entfiel die übertarifliche Leistungszulage von 10 Prozent, bei den Maschinisten sank der Umrechnungsfaktor für die Akkordberechnung, zum Beispiel in der »Qualifikationsklasse BIII von 1,25 auf 1,11. »Das sind außer den 8 Prozent Tariflohnsenkung noch 9 bis 12 Prozent Akkord-Reduzierung (...) Nach dem Zeitstudium bei den Maschinenarbeitern sanken die Durchschnittsverdienste von 1,35 M. auf ... 1,18 M.«[84]

Selbst mit solchen rabiaten Lohnkürzungen konnten die Borsigs ihre Firma nicht mehr retten.

Raketenflugplatz und Verein für Raumschiffahrt

Offiziell hieß er »Raketenflugplatz Berlin«, und der betreibende »Verein für Raumschiffahrt« (VfR) hatte seinen Sitz in Berlin-Reinickendorf. Aber die Post lief über Tegel – daher betitelte das Vereinsmitglied Rudolf Nebel sein Buch über die Berliner Weltraumpioniere *Die Narren von Tegel*. Der Raketenflugplatz lag bei seiner Gründung 1930 auf dem Gelände des heutigen Flughafens Berlin-Tegel: der weltweit erste Raketenflugplatz! Allerdings herrschte hier kein Linienverkehr zum Mars – er diente einzig der Entwicklung und dem Experiment.

In diesem Verein trafen sich Technik-Begeisterte und trommelten in der Öffentlichkeit für Spenden, um ihre Versuche mit »Repulsoren«, wie man die Flüssigkeitsraketen im Unterschied zu den Feststoffraketen damals nannte, zu finanzieren. Zwei von ihnen, Rolf Engel und Wernher von Braun, waren erst achtzehn Jahre alt. Den Verein trugen vor allem Klaus Riedel, Rudolf Nebel und der sechsunddreißigjährige Hermann Oberth, der schon 1923 mit *Die Rakete zu den Planetenräumen* und 1929 mit *Wege zur Raumschiffahrt* zwei visionäre, gleichwohl wissenschaftlich begründete Bücher veröffentlicht hatte.

Der Regisseur Fritz Lang wünschte sich 1929 für seinen Science-Fiction-Film *Frau im Mond*, einen der letzten deutschen Stummfilme, vom Verein für Raumschiffahrt wissenschaftliche Beratung und einen Raketenstart. Oberth versprach eine Flughöhe von vierzig Kilometern – obwohl er noch nie eine Rakete gebaut hatte. In ihrer Werbung kündigte die UFA siebzig Kilometer an! Doch bei den Versuchen auf dem Gelände der UFA-Studios in Potsdam-Babelsberg explodierte ein Modell, schleuderte Oberth durch die Luft und verletzte ihn erheblich – der Film musste sich schließlich mit der Ansicht einer angeblich startbereiten Rakete begnügen.

Trotzdem gaben sie nicht auf, die »Narren von Tegel« ... eine spöttische Bezeichnung der Presse, die sie bald stolz übernahmen. Strom bezogen sie kostenlos von der nahen Polizeikaserne, Essen besorgte Wernher von Braun aus der Siemens-Werkskantine, meistens Eintopf.

Die Männer wollten beweisen, dass eine Rakete mit einem Gemisch von flüssigem Sauerstoff und Benzin fliegen kann, sogar besser als eine pulvergetriebene Feststoffrakete. Bis dahin glaubte man, ein solches Gemisch müsste einfach explodieren.

In der Tat: Zu Beginn der Versuche explodierte das Gemisch mit lautem Knall. Hermann Oberth beklagte sich bei dem amerikanischen Kollegen Robert Goddard über die vielen erfolglosen Versuche. Goddard, der ohne Wissen der Berliner bereits 1926 eine Flüssigkeitsrakete gestartet hatte, antwortete: »Es ist nicht einfach, erfolglose von erfolgreichen Experimenten zu unterscheiden, denn die meisten Arbeiten, die zum Schluss erfolgreich sind, stellen das Resultat einer Reihe erfolgloser Experimente dar, in denen die Schwierigkeiten schrittweise ausgemerzt wurden ...«[85]

Schritt für Schritt lösten die Tegeler Tüftler eine Vielzahl von technischen Problemen: Wie konnte ein Werkstoff der unglaublichen Hitze von 3.000 Grad Celsius, die bei der Verbrennung entsteht, standhalten, ohne zu verglühen? Wie konnte der flüssige Brennstoff ohne riesige Vergaser oder Zerstäuber dosiert in den flüssigen Sauerstoff gespritzt werden, um die Verbrennung über eine gewisse Zeit zu dehnen, die einen Flug der Rakete ermöglichte? Oberth entdeckte nicht das Prinzip der »Selbstzerreißung der Brennstofftröpfchen«, aber er untersuchte es und bewies, dass es tatsächlich eine Rakete zum Fliegen bringen konnte. Er erhielt ein Patent über dieses Prinzip als Grundlage für Raketenbrennkammern.

Am 23. Juli 1930 begutachtete die in der Nähe residierende Chemisch-Technische Reichsanstalt Berlin-Tegel (östlich der heutigen A 111, direkt am Berlin-Spandauer-Schifffahrtskanal) in Person Dr. Ritters einen Versuch; Dr. Ritter bescheinigte einen konstanten Rückstoß über 50,8 Sekunden. Ein Durchbruch! 270 Tests mit Brennkammern führte der Verein durch, möglichst unter Beteiligung von Journalisten oder Mäzenen. Als Höhepunkte dienten jeweils Testflüge von Raketen, zunächst einer Minimum-Rakete, Mirak getauft; 82 solcher Flüge wurden insgesamt gestartet, auch von der kleinen Insel Lindwerder im Tegeler See aus, um niemanden zu gefährden. Die letzte gestartete Rakete erreichte schließlich eine Höhe von einem Kilometer – nicht vollgetankt. Mit vollem Tank hätte sie sich bis zu einer Höhe von drei Kilometern erhoben.

Die »Narren« boten ihre Dienste auch dem Heereswaffenamt an, das insgeheim die Entwicklung von Raketen unterstützte und betrieb. Als die Tegeler im Juni 1932 zu einer Vorführung auf den Artillerieschießplatz des Amtes in Kummersdorf bei Berlin eingeladen wurden, staunten sie nicht schlecht. Dort gab es eine Ausrüstung vom Feinsten: Startpulte, Bunker, Messgeräte, während man in Tegel eher bastelte und werkelte. Die Reichswehr hatte das Amt 1929 mit der geheimen Entwicklung von Raketen in der zum Sperrgebiet erklärten »Versuchsstelle West« beauftragt. Wegen der öffentlichen Veranstaltungen des Vereins für Raumschiffahrt in Reinickendorf kam es nicht zu einer Zusammenarbeit. Aber Wernher von Braun sah seine Chance bei der großzügig geförderten Entwicklung des Heereswaffenamtes und wechselte 1932 dorthin. 1934 verhaftete die Gestapo Nebel unter dem Vorwurf des Landesverrats. Als er freikam, hatte das Heereswaffenamt seine Patentunterlagen, viele Maschinen und Werkzeuge beschlagnahmen lassen.

Wernher von Braun und andere setzten die Raketenversuche später in Peenemünde fort, um für die nationalsozialistischen Führer die »Vergeltungswaffe« V2 zu entwickeln, die erste funktionierende Großrakete, mit der London bombardiert wurde. Gefertigt wurden die Raketen im »Mittelbau Dora« von Zwangsarbeitern und KZ-Häftlingen, die unter erbärmlichsten Bedingungen wie Sklaven schuften mussten.

Die V2 erreichte 1942 erstmals den Grenzbereich zum Weltraum. Der »Weltraumbahnhof Tegel« blieb eine Wunschvorstellung technikbegeisterter und visionärer Entwickler in der Vorphase des Raketenflugs.[86]

ARBEIT UND ZWANGSARBEIT

Von der Pleite zur Rüstungsschmiede

Für ein Umsteuern war es nach der kommentierten Bilanz von 1930 zu spät. Aber noch rechnete niemand damit, dass die Weltfirma Borsig, ein Aushängeschild der deutschen Exportindustrie, pleitegehen könnte – am wenigsten die Borsig-Brüder. Das würden weder die Banken noch die Regierung zulassen, spekulierten sie.

Noch einmal stieg die Beschäftigtenzahl 1930 kurzfristig auf 6.000, als ein Auftragseingang von 30 Millionen Mark verkündet wurde, aber intern hatte man mit 50 Millionen gerechnet. Das Tegeler Werk setzte alle Hoffnungen auf die »Russen-Aufträge« aus der Sowjetunion. Sie hatten 1927 bis 1930 rund 10 Prozent des Auftragsvolumens ausgemacht, 1931 waren es plötzlich 50 Prozent. Eigens reiste Conrad von Borsig in die Sowjetunion, um für weitere Aufträge zu werben – zu spät.

Bald schon arbeiteten nur noch 3.800 Menschen für Borsig. Kurz vor Weihnachten 1931 riss der Deutschen Bank und Disconto-Gesellschaft der Geduldsfaden, sie verweigerte weitere Kredite. Borsig war pleite, tausende Arbeitsplätze gefährdet! Gern wurden in Darstellungen der Firmengeschichte diese Pleite und ihre hausinternen Ursachen vertuscht[87] oder von einer »Überleitung« in den reichseigenen Rheinmetall-Konzern gesprochen. Der Betrieb ging mittels einer Auffanggesellschaft, der Borsig-Betriebs-Gesellschaft mbH, zunächst weiter, man suchte händeringend nach Investoren und nach einem neuen Geschäftsmodell, verhandelte insbesondere mit der holländischen Finelon-Gruppe.

Am 30. Januar 1933 ernannte Hindenburg den NSDAP-Führer Adolf Hitler zum Reichskanzler. Schlagartig änderten sich auch die Bedingungen für die Borsig-Auffanggesellschaft. Die neue Regierung wollte Krieg, dafür benötigte sie Waffen. Die einzige nach dem Versailler Vertrag zugelassene Waffenschmiede war Rheinmetall, das sich in Staatsbesitz befand. Aber Rheinmetall in Düsseldorf lag Hitler zu nahe an der französischen Grenze. Mit Borsig in Berlin würde er über ein ideal gelegenes zweites Standbein für die geheime Aufrüstung der Wehr-

Nach der Blamage vom 1. Mai 1933 sorgte die NS-Betriebsführung in den Folgejahren stets für volle Hallen, hier 1938

macht verfügen. Bereits im März 1933 erschien ein Generaloberst der Wehrmacht in Uniform auf der Borsig-Gläubigerversammlung und verkündete, ein Verkauf an Rheinmetall läge im nationalen Interesse, auch wenn das Angebot niedrig erscheinen würde. Die Gläubiger waren über den gebotenen Preis entsetzt, sie würden erhebliche Verluste hinnehmen müssen. Aber unter Druck stimmten sie zu – so die Darstellung Dr. Albert von Borsigs nach dem Krieg.[88]

Vorstand und Aufsichtsrat der als Tochter der Rheinmetall AG neu gegründeten A. Borsig Maschinenbau AG zeigten sich nach dem Vertragsabschluss über das Geschäft hocherfreut: »Allein der Grundbesitz und die Bauten ... sind weit mehr wert als der vereinbarte Kaufpreis.«[89] Der betrug 3,6 Millionen Reichsmark. Hitler konnte nun die Rüstung im Geheimen vorantreiben. Bei der ersten NS-Maifeier 1933 auf dem Borsig-Gelände gelang es der neuen NS-Betriebsführung nicht, Massen von Borsig-Arbeitern zusammenzutrommeln. Die wenigen Menschen bildeten eine kärgliche Kulisse auf dem großen Platz. Später wurde die Maifeier in die Halle verlegt.

1936 verschmolz Rheinmetall mit seiner Tochter und nannte sich nun Rheinmetall-Borsig AG. Rheinmetall-Borsig steigerte die Produktion und die Beschäftigtenzahl insgesamt auf 50.000, 1940 sollen allein für den Tegeler Betrieb 18.000 Menschen gearbeitet haben. 1942 betrug der Anteil der Rüstungsproduktion rund 60 Prozent.[90]

Hitler erschien 1940 zu einer großen Propagandaveranstaltung in der Westhalle, in der sonst Zwillingsgeschütze montiert wurden. Er wandte sich in seiner Ansprache an »meine deutschen Rüstungsarbeiter« und versprach ihnen ein Reich der Wohlfahrt. Es war ein ausgesuchtes Publikum, vor dem er auftrat, externe Nazis füllten die Reihen – zu groß war offenbar die Befürchtung, der Geist des Munitionsarbeiterstreiks von 1918 könnte noch zu spüren sein. In den folgenden Jahren wurden immer mehr »deutsche Rüstungsarbeiter« in den Krieg geschickt und ihre Reihen füllten wieder – wie bereits im Ersten Weltkrieg – Frauen und Zwangsarbeiter.

Ein Pfarrer gegen Deutsche Christen

Auch Tegel wurde zu einer der vielen Hochburgen der »Deutschen Christen«, einer Organisation von Nationalsozialisten in der evangelischen Kirche. Die Deutschen Christen versuchten schon vor 1933, die evangelische Kirche unter ihren Einfluss zu bringen. Dafür fanden sie genügend Anknüpfungspunkte, deren wichtigster die Prägung des protestantischen Milieus durch einen ausgeprägten Nationalismus war. Bei den Kirchenwahlen im Juli 1933 erhielten die Deutschen Christen in Berlin rund zwei Drittel der Stimmen, vielfach 70 bis 75 Prozent; im Tegeler Gemeindekirchenrat verfügten sie über 53 von 57 Sitzen. Es entbrannte ein heftiger »Kirchenkampf«. Namhaften Einfluss unter den Deutschen Christen hatten der Borsig-Direktor Dipl.-Ing. Dysterdik und der ebenfalls bei Borsig beschäftigte Dipl.-Kaufmann Karl Scheller, Gauschulungsleiter der NSDAP. In Erscheinung trat vor allem der Goldschmied Herbert Szpitter als Deutsche-Christen-Fraktionsvorsitzender und NSDAP-Ortsgruppenleiter. Als weitere fanatische Nazis in der Kirche betätigten sich der Kanzleibeamte Klatt und der Direktor des Erziehungsheims »Grünes Haus« in der heutigen Wilhelm-Blume-Allee.

Zunächst scheinen sich die drei Tegeler Pfarrer gegen den nationalsozialistischen Einfluss gewehrt zu haben, aber vor den Kirchenwahlen 1933 traten zwei von ihnen der Wahlliste der Deutschen Christen bei. Bei seinem Versuch, Kandidaten und Unterstützer für die »neutrale« Liste »Kirche und Evangelium« zu finden, stieß Pfarrer Wilhelm Beschoren auf keine Resonanz; die Ablehnenden äußerten Angst um Arbeit und Brot. 1934 betrieben die Deutschen Christen die Entfernung aller drei Pastoren. Pfarrer Beschoren blieb trotz seiner Versetzung in Tegel und baute eine Gemeinde der Bekennenden Kirche auf; allerdings war ihm die Kirche nun verschlossen. Seine Gottesdienste fanden zunächst im Kießlingschen Restaurant (Medebacher Weg Ecke Alt-Tegel) und im Tanzsaal des »Alten Krugs« statt und mussten bei der Gestapo angemeldet werden. Beschoren registrierte eine Abwanderung aus den Gottesdiensten der Deutschen Christen in der Dorfkirche zu ihm in den gegenüberliegenden Tanzsaal. Als er eines Sonntags (vermutlich 1935) Gottesdienst im Café Hohenzollern feiern wollte, war die SA in voller Uniform schon da und belagerte den Saal, so dass die Gemeinde in den vorderen Café-Raum ausweichen musste. Der Pfarrer berichtete: »… besonders … während der Liturgie und der Predigt grölte nebenan die braune Horde ihre Nazilieder; Braunhemden gingen, um zu stören, dauernd durch die Tür zur Straße hin und zurück, brüllten dabei herausfordernd ihr ›Heil Hitler!‹ in den Gottesdienst herein, andere wieder liefen zum Schanktisch, verlangten … ein Glas Bier und riefen sich einander schallend ein Prost zu.«[91]

Solches Verhalten stieß selbst unter den Deutschen Christen viele Menschen ab. 1935 gewann Pfarrer Beschoren seinen Prozess gegen den Gemeindekirchenrat und übte sein Amt an der Kirche Alt-Tegel wieder offiziell aus. Tegel galt nun als »gespaltene Gemeinde« – mit einem Gemeindekirchenrat der Deutschen Christen und einem Pfarrer der Bekennenden Kirche. Jedes Mittel war den Nazis recht, um Pfarrer Beschoren einzuschüchtern: »Kurzhaft, Hausarrest, dauernde Telefonüberwachung und einige Morddrohungen«[92] sowie siebenmalige Vorladung durch die Gestapo. Noch vor Kriegsbeginn wurde Pfarrer Beschoren zur Wehrmacht eingezogen. Nach einer Kriegsverletzung und Beinamputation war er bis 1948 wieder als Gemeindepfarrer in Tegel tätig.

»Luftschutzgerechtes Bauen«

Die zwischen 1925 und 1929 erbauten Großsiedlungen hatten die Nazis als »rote Burgen« bekämpft und sich 1933 für ländliche Kleinhaussiedlungen ausgesprochen, ohne dass sie dem Wohnungsbau zunächst überhaupt Aufmerksamkeit widmeten. Ab 1935/36 ließ sich der allgemeine Wohnraummangel nicht mehr ignorieren. Kurzfristig wurden Pläne für umfangreiche Bauten aufgelegt, die aber zu einem großen Teil der Kriegsvorbereitung zum Opfer fielen. Stattdessen plante die NS-Führung in größenwahnsinniger Manier ihre »Welthauptstadt Germania« und riss dafür Wohnhäuser in der Berliner Innenstadt ab.

Nach Tegel strömten wegen der massiven Ausweitung der Rüstungsproduktion bei Rheinmetall-Borsig viele Arbeitskräfte. In Neu-Tegel an der Ziekowstraße knüpfte man an die schon 1911 vorgesehene Blockrandbebauung an, durchbrach allerdings den Block an zwei Stellen – beide Lücken waren der Planung einer »luftschutzgerechten Stadt« geschuldet: Wenn Sprengbomben in den Hof fielen, konnte der Druck durch die Lücken entweichen. Bei Brandbomben sollte kein »Kamineffekt« entstehen wie in den Höfen der Mietskasernen. Im Gegensatz zu ihren prahlerischen Reden schien die NS-Führung kein Vertrauen in die eigene Luftabwehr zu haben und stellte sich auf den künftigen Bombenkrieg ein. Die 1935 erbauten Gebäude Alt-Tegel 22–24 hatten bereits Luftschutzkeller und Durchbrüche zum Nachbarhaus für einen Fluchtweg bei Bombentreffern.

Die Häuser in der Hatzfeldtallee 1–15 (Architekten: Paul Poser und Peter Bamm) erinnern in ihrer eintönigen Gestaltung an Kasernen. Das kommt nicht von ungefähr. Ein Erlass von 1935 forderte billigste Mietwohnungen, staatliche Förderung erhielten die Bauherren nur, wenn die Erstellung einer Wohnung weniger als 3.500 Reichsmark kostete. Auch in der Ausstattung verlangte der Erlass »äußerste Beschränkung«, dementsprechend entstanden in Neu-Tegel 1- bis 1½-Zimmer-Kleinstwohnungen. Balkons oder Loggien galten nun als überflüssiger Luxus, ebenso Zentralheizungen – ein Rückschritt gemessen an den Reformbemühungen der Weimarer Republik. In der Republik waren die »Dreispänner«, das heißt drei Wohnungen auf einer Etage, abgeschafft worden, weil die mittlere Wohnung nicht quergelüftet werden konnte. Nun kamen die Dreispänner für die nationalsozialistische »Volkswohnung« im »Reich der Wohlfahrt« wieder zu Ehren.[93]

NS-Mietskaserne und Wohnbauten der Weimarer Republik, Ziekowstraße Ecke Tile-Brügge-Weg

Zwangsarbeiter

Kaum hatte der Krieg begonnen, fehlte es in den Fabriken und Betrieben an Arbeitern. Die NS-Regierung errichtete ein reguläres System der Arbeitssklaverei. Rheinmetall-Borsig griff in großem Maßstab auf Zwangsarbeiter und auf zunächst »ins Reich« gelockte, dann mit mehr oder weniger Zwang nach Deutschland gebrachte »Fremdarbeiter« zurück. In weitem Umkreis um das Borsigwerk schossen die Baracken für Zwangsarbeiter aus dem Boden. In der Bernauer Straße 93 errichtete die Firma ein großes Barackenlager (in dem nach dem Krieg das Krankenhaus Tegel-Süd angesiedelt wurde). Auch in Gaststätten, ja sogar auf Schiffen im Tegeler See, im Strandbad Tegel und auf der Insel Scharfenberg wurden Zwangsarbeiter untergebracht, im Restaurant »Blumeshof« bei Saatwinkel, in den »Steinbergbaracken« (an Waidmannsluster Damm und Ziekowstraße), in der »Waldhütte« an der Großen Malche (Malchelager) und im »Fließlager« in der Nähe des Tegeler Fließes. Auch die Schlossbesitzerin kannte keine Skrupel, in ihrem vornehmen Schlossbezirk Zwangsarbeiter unterzubringen. Für die Gastwirte der Restaurants und die Immobilienbesitzer war die Verpachtung ihrer Räumlichkeiten als »Ausländerlager« eine sicherere Einnahmequelle als der Ausflugsverkehr oder die Gastronomie.

Mehrere Holzbaracken für Kriegsgefangene an der Conradstraße wurden im Oktober 1943 bei einem Bombenangriff getroffen und brannten ab. »Da haben die Franzosen sämtliche Zäune des Lagers aufgeschnitten und sind weggerannt. Sie liefen in die Lauben der Kleingartenkolonie Steinberg an der Gorkistraße und versuchten sich dort zu verstecken.«[94]

Es gehörte zum täglichen Erscheinungsbild in Tegel, dass diese Menschen in Kolonnen zur Arbeit zogen oder von der Arbeit zurückkehrten. Rheinmetall-Borsig baute östlich des Bahnhofs Tegel ein Sammellager für 1.500 sowjetische Kriegsgefangene. Vor dem Bahnübergang auf Neu-Tegeler Seite erinnert heute ein Stolperstein an die ukrainische Zwangsarbeiterin Ljuba Tokarenko, die in die Heil- und Pflegeanstalt Obrawalde eingeliefert und dort am 31. August 1944 mit zweiundzwanzig Jahren ums Leben gebracht wurde. Auf dem städtischen Friedhof an der Wilhelm-Blume-Allee tragen Grabsteine die Namen belgischer und holländischer Zwangsarbeiter.

Insgesamt sollen in Reinickendorf von 1938 bis 1945 über 30.000 Zwangsarbeiter aus 16 Nationen in mehr als siebzig Rüstungsbetrieben eingesetzt worden sein; sie waren in über 125 großen und kleinen Lagern untergebracht. Allein Rheinmetall-Borsig verfügte Ende 1943 über 8.000 Plätze in den Zwangsarbeiterlagern.[95]

Im März 1943 stellten bei Rheinmetall Borsig Zwangsarbeiter über ein Drittel der Arbeiterschaft: 5.388 von insgesamt 14.493.[96]

Auf dem Gelände des ehemaligen Lagers am Krumpuhler Weg in Tegel befindet sich heute ein »historischer Ort«, der an die bedrückende Vergangenheit, an Hunger, Krankheiten und Tod der Menschen erinnert, die hier litten.

Dietrich Bonhoeffer und die Gruppe Mannhart

Auch in Tegel gab es verschiedene Formen von Widersetzlichkeit und Widerstand gegen das nationalsozialistische System. Die Genossenschaftssiedlung »Freie Scholle« war den Nazis als SPD-Hochburg bekannt. Mit Verhaftungen und Hausdurchsuchungen versuchten sie, den Widerstand zu brechen. Auf vierhundert hier lebende Familien setzten die Nazis siebzig Spitzel und Blockwarte an. Der spätere Berliner SPD-Vorsitzende Franz Neumann hielt die Genossen zusammen, obwohl er selbst gefoltert, ins KZ verschleppt und zu achtzehn Monaten Gefängnis verurteilt worden war und unter Polizeiaufsicht stand. Familie Schock in der »Freien Scholle« versteckte das jüdische Ehepaar Kohn. Erna und Willy Hilgenfeld in der Schlieperstraße 12 gewährten der verfolgten Jüdin Ella Heidemann für acht Monate Unterschlupf, dann half der Tegeler Lehrer Hermann Klein. Ella Heidemann überlebte.[97]

Am 5. April 1943 wurde der Theologe Dietrich Bonhoeffer ins Tegeler Gefängnis eingeliefert, ins Wehrmachtsuntersuchungsgefängnis – eine eigene neu geschaffene Abteilung auf dem Tegeler Gefängnisgelände. Gegen Bonhoeffer lag keine konkrete Anklage vor. Trotzdem verhängte die Gefängnisleitung Isolationshaft über ihn, kein Ausgang, kein Besuch, kein Wort – nicht einmal vom Wärter. »Die Decken auf der Pritsche hatten einen so bestialischen Gestank, dass es trotz der Kälte nicht möglich war, sich damit zuzudecken. Am nächsten Morgen wurde mir ein Stück Brot in die Zelle geworfen, so dass ich es am Boden auflesen musste. Der Kaffee bestand zu einem Viertel aus Kaffeesatz. Von außen drangen in meine Zelle zum erstenmal jene wüsten Beschimpfungen der Untersuchungsgefangenen durch das Personal, die ich seither täglich von morgens bis abends gehört habe«, berichtete Bonhoeffer.[98]

Er hatte Angst, unter Folter Geständnisse abzulegen und Freunde zu verraten, er dachte an Suizid. Aber dann besserte sich seine Lage: Sein Onkel Paul von Hase, Stadtkommandant von Berlin und als solcher auch Vorgesetzter des Wehrmachtsuntersuchungsgefängnisses, hatte sich telefonisch nach seinem Befinden erkundigt.

In einem hinausgeschmuggelten Dokument erhob Bonhoeffer Anklage gegen die Zustände im Gefängnis. Untersuchungsgefangene, die zum Teil wegen Kleinigkeiten hier einsaßen oder sogar später freigesprochen wurden, mussten sich Schikanen gefallen lassen, Beschimpfungen und niedrigste Behandlung, ihre ohnehin dürftigen Essensrationen wurden illegal gekürzt – eine Wiegeprobe Bonhoeffers ergab für eine 25-Gramm-Wurstration nur 15 Gramm. Bei Bombenangriffen blieben die Gefangenen eingeschlossen und somit schutzlos Treffern

Friedrich Lüben, Mitglied der
Widerstandsgruppe Mannhart

ausgesetzt – und das in der Nähe von Rüstungsbetrieben wie Borsig und Maget und anderen in Borsigwalde und Wittenau. Bei einem Treffer im Jahr 1944 kamen im Gefängnis vierundzwanzig Männer ums Leben.

In der Tegeler Zelle 92 entwickelte Dietrich Bonhoeffer seine Gedanken über eine Kirche für die Entrechteten und Unterdrückten. In einem ersten Schritt müsste sie ihr Eigentum an die Armen verschenken. Und, revolutionär für einen Theologen, schrieb er von einem »religionslosen Christentum«, sah er die Zeit der Religion abgelaufen: Gott als Lückenbüßer für all die Stellen, die die Wissenschaften noch nicht erklären könnten, hätte ausgedient, auch als Notbehelf für die schwachen Stunden der Krankheit und des Todes. Bonhoeffers Briefe aus der Haftzelle, die wohlgesonnene Wärter hinausschmuggelten, gab sein Freund Eberhard Bethge 1951 unter dem Titel *Widerstand und Ergebung* heraus.[99] Sie machten Dietrich Bonhoeffer weltberühmt. Er wurde am 5. April 1945 im KZ Flossenbürg umgebracht.

Mit Flugblättern, vor allem in Wohngebieten, wandte sich die 1942 gegründete Gruppe Mannhart offensiv gegen die Naziherrschaft und den Krieg. Bei Rheinmetall-Borsig forderte sie zur Sabotage an der Rüstungsproduktion auf und riet zum Krankfeiern. Die Gruppe bestand aus einem Kreis von rund dreißig Beschäftigten bei Rheinmetall-Borsig und Kontakten bei AEG Hennigsdorf und bei den Deutschen Waffen- und Munitionsfabriken (DWM) in Wittenau sowie Freunden aus Heiligensee. Die Flugblätter scheinen zum großen Teil von dem Heiligenseer Arzt Dr. Max Klesse zu stammen, sie wurden mit »VKPD«, also mit Vereinigte Kommunistische Partei Deutschlands, unterzeichnet. Die Borsig-Arbeiter Max Wittek (Bauarbeiter), Albert Brust (Maschinenschlosser, Tegelort), Friedrich Lüben (Bauarbeiter) und Otto Dressler (Bauarbeiter) gehörten zur Baukolonne bei Rheinmetall-Borsig und kamen daher viel im Werk herum. Mit dabei war auch der Werkzeugmacher und Kommunist Erich Mammach aus dem Kalkulationsbüro. Oft trafen sie sich in der Wohnung von Friedrich Lüben in Borsigwalde, aber auch bei Otto Haase im Tile-Brügge-Weg 97 in Neu-Tegel. Die Gruppe verteilte im Monat zwischen vierhundert und fünfhundert Flugblätter. Ein französischer Zwangsarbeiter übersetzte ins Französische, der ukrainische Zwangsarbeiter Alexander Kolbasan ins Russische. Im November 1943 flog die Borsig-Gruppe auf; Kolbasan berichtete später: »Kurz vorm Jahrestag der Oktoberrevolution hatten wir bei Otto Haase im Tile-Brügge-Weg (...) eine Zusammenkunft. Wir haben die ›Internationale‹ aufgelegt und die neuesten Nachrichten ausgetauscht und wahrscheinlich auch ein bisschen laut dabei gesprochen. – Unmittelbar danach haben sie uns alle auf einen Schlag verhaftet, 2 Tage später kam die Gestapo ins Werk – Sind Sie der und der? Mußte ich mit ihnen in den Umkleideraum gehen. Damals waren Mäntel mit Ärmelumschlägen Mode, darin hatte ich 2 oder 3 Flugblätter. Ich wurde gleich verhaftet, ist ja klar.«[100]

Insgesamt wurden in einer Prozessserie achtzehn Angehörige der Tegeler Widerstandsgruppe angeklagt, mindestens acht von ihnen wurden hingerichtet, darunter auch der Franzose Edouard Tremblay.

Otto Haase hielt der Folter nicht stand und sagte aus. Vor dem Volksgerichtshof fragte ihn der berüchtigte Präsident dieses »Gerichts«, Roland Freisler, ob er Kommunist wäre. Stolz antwortete er: »Ja, das bin ich.« Trotz Folter gab Albert Brust die Namen seiner Heiligenseer Freunde nicht preis, so dass Dr. Klesse im Untergrund weiterarbeiten konnte. Vier aus dem Borsig-Kreis der Gruppe Mannhart wurden am 26. September 1944 im Zuchthaus Brandenburg umgebracht, darunter Friedrich Lüben.

In seinem Abschiedsbrief schrieb Lüben: »Liebes Lenchen und Rutchen! Heute um 12.30 werde ich hingerichtet, nachdem mein Gnadengesuch abgelehnt worden ist. Man nimmt mir nicht einmal die Fesseln ab, muß mit schreiben. Laßt es euch also gut gehen, habe euch über alles geliebt, bis in den Tod und darüber hinaus (...) Jedenfalls danke ich euch noch mal für die schönen Stunden, die wir zusammen verlebt haben, das Schicksal hat es anders mit mir bestimmt. Man kann nichts machen dagegen. Der Krieg ist auch bald zu Ende, das ist das blödsinnigste dabei, man hat doch recht behalten, ich bin gefaßt, es ist doch schön, für meine Idee zu sterben. Millionen sind ja an der Front gefallen, für nichts (...) Weint nicht so sehr beide, und tröstet euch mit dem Gedanken, es ist Schicksal, läßt sich nichts dran ändern. Bring es Rutchen so sachte bei, sie soll stark sein wie ihr Vater, und stolz, und du süßes Weibchen sei stark, du hast ja selbst gesagt, die Liebe höret nimmer auf (...) Nun Schluß, den letzten Gruß und Kuß, Fritz.«[101]

In einem Flugblatt am Ende des Krieges forderte die »VKPD« die Berliner auf: »Sobald die Schlacht um Berlin begonnen ... tretet in den Generalstreik! Empfangt im Roten Berlin die Gegner mit roten Fahnen! (...) Marschrichtung: Linden –Wilhelmstr. – Leipziger – Breitestr.! (...) Hunger, Arbeitslosigkeit und Inflation besiegen wir nur durch die proletarische Einheitsfront der VKPD! Darum wählt nach dem Nazisturz sofort in allen Betrieben Arbeiterräte für die Einheitsfront u. Revolutions-Tribunale zur Ermittlung der Nazi-Aktivisten u. ihrer Verhaftung! Alle aktiv.«[102]

Dr. Klesse selbst ritt gemeinsam mit Dr. Wladimir Lindenberg, einem Russisch sprechenden Arzt, mit weißen Fahnen den von Norden nach Heiligensee eindringenden sowjetischen Truppen entgegen, um eine gewaltlose Übergabe von Heiligensee und Schulzendorf zu erreichen – es gelang.

DER WIEDERAUFBAU

Kampf gegen die zweite Demontage

Tegel wurde 1945 zunächst von sowjetischen Truppen besetzt, später kamen die Briten, und am 12. August übernahm ein französischer Stadtkommandant die oberste Gewalt über den Bezirk. Der französische Sektor umfasste Reinickendorf und Wedding.

Zu den ersten Maßnahmen der Besatzungsmächte gehörte die Versorgung der Bevölkerung. Aber diese Aufgabe trat – besonders im französischen Sektor – hinter dem Anspruch auf Reparationen zurück. Deutschland sollte für die durch den Krieg angerichteten Schäden in den Ländern der Siegermächte Entschädigung leisten. Sämtliche Rüstungsbetriebe standen auf der Demontageliste; im Rahmen der Reparationen verlangte Frankreich umfangreiche Holzlieferungen und auch der Tegeler Forst sollte seinen Anteil stellen. Der Beauftragte des französischen Stadtkommandanten für Reparationen, selbst Förster, überzeugte sich vor Ort von der Güte des Materials. Die alten Bäume begeisterten ihn so, dass er festlegte, nur jeden zehnten Baum zu fällen. Dieser Anordnung ist der heutige Charakter des Tegeler Forstes zu verdanken – hätte der Beauftragte sich nicht für den Erhalt des Waldes eingesetzt, müssten wir wahrscheinlich durch eine langweilige Kiefernplantage wandern.

Rheinmetall-Borsig war zu achtzig Prozent zerstört worden. Sowjetische Truppen transportierten nach ihrem Einmarsch in Berlin im April 1945 – also drei Monate vor der Potsdamer Konferenz – alle verfügbaren Maschinen und Bauteile ab – so auch bei Borsig in Tegel. Stillschweigend sahen die Siegermächte diese ersten (»wilden«) Demontagen als Kriegsbeute an und rechneten sie nicht als Reparation.

Die Arbeiter bei Borsig reparierten Maschinen, die sie unter den Trümmern fanden, und gründeten mit alten Führungskräften die Städtischen Werke Tegel als Genossenschaft. Auch der Magistrat hatte ein Interesse daran, dass Borsig bald wieder arbeiten konnte: Überall standen Maschinen und Anlagen von Borsig; wenn etwas kaputtging, wollte man auf Borsig-Arbeiter und -Ingenieure zurückgreifen. Ein

Wiederaufbau der zerstörten Stadt und die Aufrechterhaltung der großen Infrastrukturbetriebe für Wasser, Gas und Strom hingen ganz wesentlich von Borsig ab. Die französische Militärregierung genehmigte die Wiederaufnahme der Arbeit und befahl im Februar 1946 die Neugründung als Borsig-Maschinenbau GmbH. Auch eine starke Beteiligung des Magistrats an der neuen Firma stieß auf ihr Wohlwollen. Doch plötzlich schwenkte die französische Politik um: keine Magistratsbeteiligung – keine Neugründung. Ab August musste die Firma wieder als Werk Borsig der Rheinmetall-Borsig AG firmieren, vermutlich um als Rüstungsbetrieb definiert und damit demontiert werden zu können. Im November 1946 besetzte französisches Militär das Werk, gleichzeitig fiel die Entscheidung, dass Borsig für Reparationen zur Verfügung gestellt werden sollte. Im März 1947 erhielten 2.350 Arbeiter und Angestellte ihre Kündigung, einen Monat später weitere 750, bis zum Juli dann der Rest. Nur 300 Arbeiter blieben als Notbesetzung.

Noch im Juni 1947 erklärte der französische Stadtkommandant, es hätte keine Demontage gegeben, der Betrieb sollte weitergehen. 1.800 Maschinen würden für Reparationszwecke zur Verfügung gestellt, die meisten für die Tschechoslowakei und für Jugoslawien, nur 200 für Frankreich.[103] Nach der Werksschließung gründeten ehemalige Betriebsangehörige auf dem Siemens-Gelände in Gartenfeld die »Alte Tegeler«. Hier konnte die neue Firma zwar nicht produzieren, bot aber bis zur Neugründung von Borsig verschiedene Reparatur- und Dienstleistungen an.

Schon 1946 hatte der Magistrat in den Maschinenankauf bei Borsig investiert. In Protesten von deutscher Seite gegen die Demontagepläne wurde immer wieder darauf hingewiesen, dass es keine Rüstungsproduktion mehr bei Borsig gäbe, dass die jetzigen Maschinen nach dem Krieg aus defektem Material wiederhergestellt oder neu angeschafft worden waren und dass bereits eine erste Demontage durch die Rote Armee stattgefunden hatte. Die französische Militärregierung berief sich darauf, dass sie nur den Beschluss der Alliierten umsetzen würde. Im Oktober 1947 berichten Zeitungen über größere Materialentnahmen bei Borsig und über den Abtransport von 36 Werkzeugmaschinen in die französische Besatzungszone. Die Militärregierung dementierte: Die Maschinen wären regulär von der Bahnverwaltung in Kaiserlautern gekauft worden.

Enttrümmerungsarbeiten im Borsigwerk 1945

Vollends absurd wurde das Verhalten der französischen Militärregierung, als die Sowjetunion West-Berlin abriegelte. Die drei westlichen Besatzungsmächte Berlins beschlossen, West-Berlin mit allen Mitteln zu halten. Mit Hilfe der Luftbrücke wurden auch Maschinen für ein neues Kraftwerk eingeflogen. Neue Maschinen einfliegen und vorhandene bei Borsig demontieren? Selbst nach dem Ende der Blockade gingen die französischen Bemühungen um eine restlose Demontage Borsigs weiter. So befahl der französische Stadtkommandant Jean Caneval: »Schrott einsammeln und im Tegeler See versenken!« Gegenüber der Presse behauptete er, es wären »Maschinengewehre und andere Sachen« gewesen.[104] Aber zu dem Schrott gehörte wichtiges Rohmaterial, dessen Wert 80.000 Dollar betrug!

Ein Schiffer weigerte sich, dem Befehl zum Versenken nachzukommen. Andere Kähne übernahmen die Arbeit. Im Osten griff man diese Politik begierig auf, war man doch wegen der Blockade in West-Berlin geradezu verhasst. »Aufbau im Osten – Abbau in Tegel« titelte eine Ost-Berliner Zeitung.[105] Am 14. Oktober 1949 meldete *The Manchester Guardian*, dass der Befehl zur Demontage erteilt worden wäre.

Ende 1949 verhandelte der neue deutsche Bundeskanzler Adenauer mit der französischen Besatzungsmacht und verkündete stolz, dass Frankreich auf die beabsichtigte Demontage bei Borsig verzichtet hätte. 1950 durfte die Borsig AG als Tochter des bundeseigenen Rheinmetall-Konzerns ihre Tätigkeit wieder aufnehmen und beschäftigte 750 ehemalige Mitarbeiter. Ende des Jahres arbeiteten wieder 1.800 Menschen bei Borsig.

Franz Neumann kontra Walter Ulbricht

Mühsam hatte Franz Neumann die sozialdemokratischen Genossen in der »Freien Scholle« während der NS-Diktatur zusammengehalten – trotz Polizeiaufsicht. Nach dem Kriegsende herrschte in Arbeiterkreisen die Meinung vor, die Spaltung der Arbeiterbewegung in SPD und KPD wäre 1933 ausschlaggebend für die Niederlage gegen den Nationalsozialismus gewesen und es ginge jetzt darum, diese Spaltung zu überwinden. Ende 1945 kamen die sowjetische Militäradministration und die deutschen Kommunisten der Gruppe Ulbricht zum Schluss, dass die KPD in freien Wahlen keine Chance auf eine Mehrheit hätte. Deswegen betrieben sie nun mit aller Macht die Vereinigung mit der SPD. Unter den Sozialdemokraten wuchs in gleichem Maße der Widerstand, sich in ein stalinistisches Parteikorsett zu begeben. Auf einem Funktionärskongress am 1. März 1946 im Berliner Admiralspalast sprach Otto Grotewohl zwei Stunden für die Vereinigung. Daraufhin legte Franz Neumann den Delegierten den Antrag für eine Urabstimmung unter den Mitgliedern vor. Zwei Fragen sollten abgestimmt werden: 1. Für eine sofortige Vereinigung und 2. Für eine längerfristige Zusammenarbeit. Franz Neumann erhielt bei den Delegierten eine große Mehrheit für die Urabstimmung, die im Ostsektor verboten wurde. In den Westsektoren sprachen sich am 31. März 1946 82 Prozent der SPD-Mitglieder gegen die von den Kommunisten angestrebte und (wiederum im Admiralspalast) einen Monat später vollzogene Vereinigung aus, während gleichzeitig 62 Prozent einer Zusammenarbeit zustimmten. Seit diesem Eintreten für die Eigenständigkeit der SPD feierte seine Partei Franz Neumann als »Sturmglocke der Freiheit« und als »Helden von Reinickendorf« (eigentlich »Held von Tegel« wohnte er doch in der »Freien Scholle«) und wählte ihn zum Landesvorsitzenden.

Franz Neumann spricht, SPD-Wahlkundgebung in der Neuen Welt, 16. Oktober 1946

Bei der letzten in ganz Berlin abgehaltenen Wahl zur Stadtverordnetenversammlung im Oktober 1946 erhielt die SPD rund 49 Prozent der Stimmen, die SED nur 19,8.

1957 wandte Franz Neumann sich mit aller Kraft gegen die Kandidatur des jungen, charismatischen Willy Brandt zum Regierenden Bürgermeister – vergeblich. Nun beschrieb ihn der *Spiegel* als bullig und hölzern und charakterisierte ihn als Apparatschik, der den Kontakt zur Basis verloren hätte und über seine »Keulen-Riege« den Parteiapparat meinte beherrschen zu können. Die Partei wählte Franz Neumann ab.

Rückgrat zeigte Neumann, als er in seiner Funktion als Bundestagsabgeordneter 1966 gegen die Wahl des NS-belasteten CDU-Politikers Kurt-Georg Kiesingers zum Bundeskanzler stimmte, obwohl seine Partei, die SPD, erstmals eine Große Koalition mit der CDU eingehen wollte.

Am Wohnhaus Franz Neumanns in der »Freien Scholle«, am Moorweg 10, ist eine Berliner Gedenktafel angebracht.

Ein Flugplatz gegen die Blockade

Gut zwei Jahre nach der Urabstimmung gegen die Vereinigung von SPD und KPD ging die sowjetische Besatzungsmacht aufs Ganze, sie war sich sicher, dass sie West-Berlin würde schlucken können. In der Nacht zum 24. Juni 1948 stellte sie die Stromversorgung West-Berlins ein und riegelte sämtliche Zufahrtswege ab. Bei den drei westlichen Besatzungsmächten setzte sich schnell die Auffassung durch, dem Druck müsse widerstanden und West-Berlin auf jeden Fall gehalten werden. Dieses politische Ziel ließ sich nur über eine Versorgung der abgeriegelten Stadthälfte aus der Luft durchsetzen.

Allerdings reichten der Flughafen Tempelhof (im amerikanischen Sektor) und der relativ kleine in Gatow (britischer Sektor) für dieses Vorhaben nicht aus. Also beschloss man, die 15 Hektar des ehemaligen Schießplatz-, Luftschiff- und Weltraumhafen-Geländes in Tegel zu einem weiteren Flugplatz auszubauen. Es war übersät mit »baufälligen Schießständen, Schutthaufen, Unkrautfeldern und Bunkern. Dazwischen Panzerwracks und 1945 angelegte Kleingärten.«[106]

Die ersten Arbeiten bestanden im Planieren und im Bewegen von Erde. Im September 1948 arbeiteten bereits 19.000 Menschen auf der Baustelle in Schichten rund um die Uhr, zu 40 Prozent waren es Frauen. Die Beschäftigten erhielten eine warme Mahlzeit am Tag und 1,20 Mark pro Stunde, mehr als man sonst in Berlin verdienen konnte, wenn man überhaupt Arbeit fand. Sie mussten drei Millionen Ziegelsteine in riesige Zerkleinerer werfen, die die Steine pulverisierten. Die Frauen erhielten nur minderwertige Arbeitshandschuhe, die von den Steinen schnell zerschlissen wurden. So behalfen sie sich, indem sie sich Lappen um die Hände wickelten.[107]

Das Ziegelsteinpulver bildete schließlich ein sechzig Zentimeter dickes Fundament, erst auf dieses Fundament wurde der Asphalt aufgetragen. Über die Luftbrücke wurden auch 10.000 Fässer Asphalt für den Tegeler Flugplatz in die abgeriegelte Stadt transportiert. In Tegel entstand mit 2.400 Metern die seinerzeit längste Landebahn Europas, auf der auch Düsenflugzeuge landen konnten; später kam eine zweite Landebahn hinzu. Am 1. Dezember 1948 wurde der Flugplatz (Tegel-Nord) eröffnet, mit einer provisorischen Empfangshalle an der Seidelstraße. Erst Tegel sicherte den Erfolg der Luftbrücke, auch wenn der größere Teil der Güter über Tempelhof eingeflogen wurde. Einen

Trümmerfrauen auf dem künftigen Flugplatz Tegel 1948

Spitzenwert erreichten die Transporte am 16. April 1949. An diesem Tag entlud das Personal in Tegel innerhalb von 24 Stunden 362 Flugzeuge, das heißt: Alle vier Minuten wurde die Fracht abtransportiert und die Maschine war wieder startklar. Eine logistische und physische Meisterleistung, die Stalin nicht für möglich gehalten hatte. Er hatte den politischen Willen der Amerikaner und den Durchhaltewillen der West-Berliner unterschätzt. Am 12. Mai 1949 wurde die Abriegelung der drei westlichen Besatzungszonen Berlins aufgehoben.

Hochhäuser und Reihenhäuser

Im Krieg hatten Bomben zwar einzelne Häuser zerstört, aber nicht die Struktur Tegels. Nur elf Prozent der Wohnungen waren unbenutzbar, der niedrigste Anteil in Reinickendorf. Die Verwaltung registrierte jedoch allein in Tegel 11.000 Wohnungssuchende, vor allem ausgebombte Menschen aus der Innenstadt. Zunächst musste man sich mit der Instandsetzung zerstörter Wohnungen begnügen. Als einzigen Bau der unmittelbaren Nachkriegszeit ließ die französische Militärverwaltung 1947 hinter dem zivilen Bahnhof in der Buddestraße den französischen Militärbahnhof errichten, eine bescheidene Fachwerkbaracke, die heute unter Denkmalschutz steht. Dreimal in der Woche fuhr von hier ein Militärzug nach Straßburg, 1994 wurde die Linie eingestellt.

Erst nach 1950 begann man mit größeren Neubauprojekten, gefördert durch staatliche Kredite des Aufbauprogramms. Von 1954 bis 1958 errichtete die Wohnungsbaugesellschaft Gagfah zwischen der Industriebahn und dem Waidmannsluster Damm 49 Eigenheime in Reihenhäusern; sie kosteten bei dreieinhalb Zimmern und einem Garten nur 25.000 DM. Östlich des Bahnhofs Tegel legte die Gagfah zur gleichen Zeit eine größere Siedlung mit Mietwohnungen an: rund um Ziekow- und Oeserstraße, wo wenige Jahre zuvor das große Lager für sowjetische Zwangsarbeiter gestanden hatte. Zur neuen Siedlung gehörten die ersten beiden Wohnhochhäuser Tegels mit zehn und vierzehn Stockwerken.

Die Architekten realisierten ihr neues Leitbild Zeilenbauten, die viel Platz für Grün ließen und die sich deutlich von der Blockrandbebauung der Zwanzigerjahre im Gebiet nördlich der Gorkistraße unterschieden: mehr Natur – weniger Stadt. Äußerlich wirken die Häuser heute langweilig, aber immerhin gab es wieder Balkons und bis zu drei verschiedene Fensterformen. Auch entstanden diese Neubauten als reines Wohngebiet, die Funktionstrennung gehörte zu den Leitlinien der neuen Stadtplanung, und doch erscheint es heute eher als triste Schlafstadt ohne urbanes Leben. Lediglich mit der Hoffmann-von-Fallersleben-Grundschule wurde ein Bau mit öffentlicher Funktion errichtet, dem man das Bemühen um ansprechende, transparente und abwechslungsreiche Gestaltung ansieht.

Die Stadtplanung sah ansonsten zunächst nur einzelne Neubauten für öffentliche Zwecke vor, insbesondere Kirchen und Schulen sowie die Bibliothek im Medebacher Weg und die Feuerwache in der Berliner Straße.

Die Gagfah leitete 1966 den hemmungslosen Abriss alter Bauwerke ein. An die Stelle des Bauernhofs von Friedrich Müller aus dem Jahre 1836 (Alt-Tegel 49) baute sie Reihenhäuser.

Eine weitere Chance für großflächige Wohnraumbebauung ergab sich im Süden Tegels. Das einst modernste Gaswerk Europas war im Krieg schwer beschädigt worden. Als das Werk seinen Betrieb wieder aufnahm, beschwerten sich die Anwohner über stinkende Schwefelschwa-

Gagfah-Siedlung an der Ziekowstraße, um 1952

den. Die GASAG hätte Entschwefelungsanlagen einbauen müssen – das war ihr zu teuer. Die Anwohner schlossen sich zu einer »Protestgemeinschaft« zusammen; das Robert-Koch-Institut bescheinigte üble Gerüche und Gesundheitsgefahren durch die Abgase. Vorsichtshalber wurde die Tbc-Abteilung des nahen Krankenhauses Tegel-Süd verlegt. 1953 hatten die Anwohner Erfolg: Das Gaswerk wurde stillgelegt und später abgerissen, als letzter Teil 1966 der Kohlenbunker. Jedoch kümmerte sich niemand um die Altlasten im Boden – auch nicht, als munter Wohnungen darauf gebaut wurden. Noch heute schwelt dieser Konflikt.

Auf dem ehemaligen Gaswerkgelände zwischen Berliner Straße und Seeufer und zwischen Bernauer und Namslaustraße entstand 1960 und von 1968–1971 sowie 1990 eine größere Wohnsiedlung. Hier errichtete die Gewobag zunächst massive Wohnbauten: eine dreihundert Meter lange Wohnschlange und fünf vierzehnstöckige Hochhäuser. Bürgerproteste verhinderten, dass die Bauten noch weiter in die Höhe schossen. Der Bauträger warb vor allem mit der herrlichen Sicht auf den Tegeler See. Vor wenigen Jahren wurde die Wohnsiedlung Tegel-Süd von Bezirkspolitikern als sozialer Brennpunkt wahrgenommen.

Eine Lösung von der Architektur der Nachkriegsjahre stellte die Bebauung des Seeufers anstelle der beiden namhaften Restaurants »Strandschloss« und »Tusculum« dar: 1965–1967 entstanden die Wohnhochhäuser Neptun (16 Stockwerke) und Nixe (neun Stockwerke). Dafür wurde das »Strandschloss«, ein Wahrzeichen Tegels und im Krieg unbeschädigt, abgerissen. 1966 eröffnete der einzige größere Gaststätten-Neubau, die »Seeterrassen«. Alle drei Bauten tragen die Handschrift des Tegeler Architekten Heinz Schudnagies, der sich an Hugo Häring und Hans Scharoun orientierte.

Mit dem U-Bahnbau von 1958 fand die verkehrstechnische Anbindung Tegels an die Innenstadt ihren Abschluss, vor allem durch die kürzeren Taktzeiten als bei der S-Bahn. Die Bevölkerung begrüßte das Ende der Straßenbahn und ihre Ablösung durch die U-Bahn als einen wichtigen Schritt der Modernisierung – wie man 1893 die Eisenbahn und 1900 die »Elektrische« begrüßt hatte.

Während des Krieges hatten etliche Restaurants Zwangsarbeiter beherbergt, andere waren zerstört worden. Im Laufe der Nachkriegsjahre kam es zu einer gewissen Wiederbelebung der Ausflugstradition am Tegeler See, aber dann schloss ein Lokal nach dem anderen. Teilweise ist das Ufer heute mit Wohnwagen, Bootsanlegestellen und Heimen von Wassersportvereinen verstellt und hat dort seinen Reiz eingebüßt.

Das Sterben der Lokale ist mehreren Entwicklungen geschuldet: Dem Bedürfnis nach einem Wochenendausflug ins Grüne mit Unterhaltung wirkte der heimische Fernseher entgegen – wozu nach Tegel hinausfahren, wenn man sich auf dem Sofa vor der Mattscheibe unterhalten lassen kann? Langsam verbesserte sich auch die Wohnsituation: Man musste nicht mehr in die Kneipe oder ins Grüne flüchten, raus aus den Kleinwohnungen, in denen die ganze Familie sich in einem oder in anderthalb Zimmern herumdrückte. Und die Motorisierung nahm zu; wer sich ein Auto kaufte, wollte neue Ausflugsziele jenseits von Wannsee, Tegeler See und Müggelsee erobern. Außerdem rückten langsam Fernreisen in den Bereich des Möglichen: endlich mit dem Bus nach Rimini! Mit der Adria konnte der Tegeler See nicht mithalten, trotz seiner Ausflugsdampfer. Fernsehen und Fernreisen untergruben die Naherholung. Gleichwohl ist eine Dampferfahrt auf dem Tegeler See, zur Oberhavel, nach Oranienburg oder sogar bis nach Potsdam hinunter immer noch beliebt – jetzt mit Gastronomie an Bord. Und gelegentlich mit Tanz.

Der Flughafen Tegel

Ende der Fünfzigerjahre wurden die Töne aus dem Osten erneut bedrohlicher; angesichts steigender Flüchtlingszahlen würde die Sowjetunion West-Berlin als offene Wunde der DDR nicht hinnehmen, so viel war auch den Politikern im Westen klar. Man stellte sich auf eine neue Blockade ein, legte Vorräte an und baute die Luftverkehrsverbindungen aus. Der Flughafen Berlin-Tegel blieb nach seiner Fertigstellung während der Blockade ein Militärflughafen, der auch von Passagierflugzeugen der drei westlichen Besatzungsmächte genutzt werden durfte, so von den Fluggesellschaften Pan Am (USA), British Airways (Großbritannien) und Air France (Frankreich). Der zivile Flugverkehr begann am 2. Januar 1960 mit regelmäßigen Flügen der Air France. Tegel verfügte über eine lange Start- und Landebahn, die sich – im Gegensatz zum Flughafen Tempelhof (im amerikanischen Sektor) – auch für Düsenflugzeuge eignete. Trotzdem musste der Senat von Berlin-West Fluggesellschaften mit üppigen Prämien zum Umzug nach Tegel bewegen. Erst 1964 folgte die PanAm mit Transatlantikflügen. Deutsche Fluggesellschaften durften Berlin-West nicht anfliegen.

Noch wurden die Abfertigungsgebäude im Norden des Flugfeldes benutzt, Tegel-Nord genannt, bis sich der Senat zum Bau einer neuen, großen Flughafenanlage, Tegel-Süd, entschloss. Der Bau dauerte von 1965 bis 1975, für die Planung zeichnete das Architektenbüro gmp Gerkan, Marg und Partner verantwortlich. Schon damals kosteten die Lärmschutzfenster in den Wohnungen der Anlieger 134,5 Millionen DM.

An den Gebäuden fällt auf, dass sie durchweg drei- oder sechseckige, aber keine rechtwinkligen Räume enthalten, sogar der Querschnitt und die Pfeiler sind sechseckig. Die Architekten realisierten ein verblüffendes Konzept: Die Anlagen befinden sich direkt auf dem Flugfeld, Fahrzeuge gelangen bei der Anfahrt direkt vor die Haupthalle oder sie fahren durch einen Tunnel unter der Haupthalle hindurch in den Innenhof des sechseckigen Terminals. Aus dem PKW aussteigende

Luftansicht des Tegeler Flughafens, 2009

Fahrgäste benötigen nur zwanzig Meter zum Check-in-Schalter, von dort geht es ebenfalls auf kurzem Weg ins Flugzeug. An fünf Seiten des Terminals können vierzehn Flugzeuge über Fluggastbrücken andocken. Dieses Wege und Zeit sparende Konzept ließ sich nur verwirklichen, weil Ladengeschäfte kaum eine Rolle spielten. Moderne Airports sind Shopping-Malls mit angeschlossenem Flugsteig – krasser könnte der Gegensatz zum Tegeler Flughafen »Otto Lilienthal« kaum sein. Heute erscheint es kaum vorstellbar: Bei der Eröffnung 1974 war das Flughafengebäude für 2,5 Millionen Passagiere im Jahr ausgelegt. 2014 nutzten es 20,7 Millionen Fluggäste! Längst sind drei provisorische Abfertigungsbereiche hinzugekommen, so Terminal C, eine über notdürftig überdachte Gänge auf Stelzen zu erreichende Baracke; ein ehemaliger Wartebereich wurde zu einem sehr kleinen Schalterbereich umfunktioniert (Terminal B), um den Ansturm an Passagieren zu bewältigen. Allein von 2011 bis 2014 verdoppelte sich ihre Zahl. Die gmp-Pläne für ein zweites baugleiches Terminal verschwanden in der Schublade, weil die Länder Berlin und Brandenburg sowie der Bund sich nach dem Fall der Berliner Mauer für einen neuen Großflughafen außerhalb der Stadt entschieden. Rund 40 Jahre nach der Errichtung des Flughafengebäudes in Tegel baute Meinhard von Gerkan noch einmal ein wichtiges Gebäude für Berlin: den Hauptbahnhof.

Bambule und »aufBruch«

Die gesellschaftlichen Umbrüche von 1967/68 berührten Tegel nur am Rand: im Gefängnis Tegel und im Mädchenheim Eichenhof.

1967/68 mussten sich in Tegel immer mehr Gefangene die Zellen teilen, die Überbelegung führte dazu, dass der Druck im Kessel anstieg. Allein von April bis November 1968 kam es zu sechs dokumentierten Ausbrüchen. Der in amtlicher Sprache »Entweichung« genannte Ausbruch von sechs Zuchthäuslern mittels eines Seils wurde sprichwörtlich: Augenzwinkernd sprach man von »Tegeler Seilschaft«. Auch in der Anstalt begehrten die Gefangenen auf. Bereits Weihnachten 1967 gab es eine große Bambule, die erst von zweihundert Bereitschaftspolizisten beendet werden konnte. Den Tumult vom 31. Juli/1. August 1968 konnte das Aufsichtspersonal wieder nicht beherrschen, neunzig Bereitschaftspolizisten unterstützten die Wärter. Diese Unruhen und eine allgemein wachsende Reformbereitschaft in der Gesellschaft führten endlich zu einem neuen Reformanlauf.

Schon in der Weimarer Republik hatte es Versuche zu einer Reform des Strafvollzugs gegeben, die aber letztlich an konservativen Gegenströmungen scheiterten. Mit der Machtübergabe an die Nazis erfolgte sogar ein heftiger Rückschlag: Mitglieder sozialistischer Parteien und unzuverlässig erscheinende Mitarbeiter im Tegeler Gefängnis wurden entlassen, darunter auch der Gefängnispfarrer Erich Kürschner. Immer mehr Gefangene saßen wegen politischer Delikte ein; der Grundsatz der Vergeltung beherrschte den gesamten Strafvollzug. Die Nazis setzten nahezu sämtliche rechtsstaatliche Regelungen außer Kraft. In den letzten Kriegstagen wurden viele Gefangene auf Märschen nach Westen verlegt. Die letzten entließ man mit einem Handgeld von dreißig Mark in die Freiheit, so dass die einrückende Rote Armee ein leeres Gefängnis vorfand.

Im Jahr 1970 erhielt das Tegeler Gefängnis eine sozial-therapeutische Einrichtung als Modellversuch. Mit dem Strafvollzugsgesetz von 1976 stellte der Gesetzgeber den Gedanken der Wiedereingliederung in die Gesellschaft in den Mittelpunkt des Strafvollzugs. Demzufolge sahen die Gesetze ein abgestuftes System von Vollzugserleichterungen vor, die jeweils nach gründlicher Prüfung gewährt werden sollen, um den Gefangenen auf sein Leben in Freiheit vorzubereiten und um Rückfälle zu verhindern. Schritt für Schritt sollten neue Bauten einen zeitgemäßen Vollzug ermöglichen: 1982 wurde die Teilanstalt V, 1988 die Teilanstalt VI eröffnet. Zum Ersatz der alten Gebäude (Teilanstalten I bis III) kam es nach dem Fall der Mauer nicht mehr. Gleichzeitig erhielten die Leiter der Teilanstalten mehr und mehr Befugnisse; nur durch eine solche Dezentralisierung ließ sich die riesige Anstalt überhaupt vernünftig organisieren.

Auch die Situation der Gefangenen verbesserte sich hier und da: Sie erhielten Zugang zu Zeitungen und Zeitschriften, Rundfunk und Fernsehen sowie erweiterte Besuchsmöglichkeiten. Ende 1968 erschien in Tegel die erste von Gefangenen erstellte unzensierte Zeitung, der *Lichtblick*. Und 1998 durften die Gefangenen unter *planet tegel* den Ausbruch im Internet wagen.

Immer wieder erweckten Boulevardzeitungen den Eindruck, dass es gerade im Tegeler Gefängnis wie in einem Hotel zuginge und für die Gefangenen ein Leichtes wäre, auszubrechen, besonders bei Hafturlaub. Dabei nutzte nur ein Prozent der Gefangenen auf Urlaub diese Möglichkeit, sich eigenmächtig länger als erlaubt zu beurlauben. Der Nutzen überwog also ein gewisses Risiko.

Eingeweihte strömen Jahr für Jahr zum Frühlings-, Sommer- und Winterbasar des JVA-Shops. Von Gefangenen gefertigte Produkte aus den Bereichen Glasdesign, Metallbau, Büromöbel, Polsterei und Buchbinderei sowie Geschenkartikel finden reißenden Absatz. Besonders beliebt sind die Backwaren aus der hauseigenen Bäckerei: Stollen, Brot, Kuchen und Brötchen.

Die Künstler der Gruppe »aufBruch« leisten einen wichtigen Beitrag, um den Gefangenen eine kulturelle Betätigung zu ermöglichen; sie proben seit 1997 Theaterstücke, die öffentlich zur Aufführung kommen. Dabei bringen die Gefangenen ihre Lebenswirklichkeit in das Stück mit ein, so dass die Aufführungen dramatisch und authentisch wirken – eine »Tegeler Mischung«. In Schillers *Wallensteins Lager* beispielsweise mischte sich die Szenerie eines historischen Soldatenlagers im Dreißigjährigen Krieg mit der Realität des heutigen Knastalltags in Tegel.

Nicht weit vom Gefängnis entfernt, im Werdohler Weg, stand bis 1972 ein geschlossenes Mädchenheim; 1951 war die Einrichtung in das Gebäude eingezogen, in dem sechs Jahre vorher noch Zwangsarbeiter untergebracht waren. Den Zaun rund um den »Eichenhof« zierte Stacheldraht. Die Journalistin Ulrike Meinhof bekam Kontakt zu einem Mädchen aus dem Heim. Sie versuchte, die skandalösen Zustände der Fürsorgeerziehung öffentlich anzuklagen und gewann einen Filmemacher dafür, ihr Drehbuch 1970 zu verfilmen. Noch heute wird dem Film »Bambule« bescheinigt, mit dem Schicksal dreier Mädchen einen authentischen Einblick in die damalige Heimerziehung zu gewähren. Wegen der Beteiligung Ulrike Meinhofs an der gewaltsamen Befreiung Andreas Baaders setzte die ARD die Ausstrahlung des Films »Bambule« 1970 ab. Er durfte erst 1994 erstmals ausgestrahlt werden.

Fußgängerzonen und Abrisswahn

Wenn die Umbrüche der Jahre 1967/68 Tegel auch scheinbar nur am Rande berührten, so änderte sich doch auch hier das Denken: Erstmals seit fast siebzig Jahren traute man sich nun, neue Ideen zu entwickeln und umzusetzen. Die zunehmende Motorisierung schien breitere Straßen zu verlangen und die autogerechte Stadt wurde zum Leitbild. Einen gravierenden, gelegentlich rüden Eingriff in die bisherige Ortsstruktur brachten die Verlegung des Waidmannsluster Damms (später mit Autobahnauffahrt), die Verlängerung der Buddestraße bis zum neuen Waidmannsluster Damm, der Durchbruch zwischen Berliner Straße und Karolinenstraße (neue Karolinenstraße) und die damit verbundene Kassierung eines großen Teils der Schlossstraße, die zu einer kurzen Sackgasse wurde. Dieser Umbau führte dazu, dass die westlichen Häuser der Schlossstraße den Verkehrsteilnehmern auf der neuen Karolinenstraße ihre wenig ansehnliche Rückseite zeigen. Spätere Pläne zur Wohnbebauung an der Karolinenstraße wurden bis heute nicht verwirklicht.

In die Zukunft wies die gleichzeitige Einrichtung der Fußgängerzone Alt-Tegel im Jahr 1973, eine der ersten in Berlin-West, allerdings nur eine Stummelzone von sechs Grundstücken. Den Rest der Straße bis zum alten Dorfkern ebenfalls für den Autoverkehr zu sperren, wäre der große Wurf gewesen. Für den Bau des schon großstädtisch anmutenden Tegel-Centers an der Gorkistraße mit Bürohochhaus und riesigem Parkhaus wurden einige alte Häuser abgerissen. Einzelne Teile der Neubauten der hier ebenfalls zur Fußgängerzone erklärten Gorkistraße bestechen durch ihre Eintönigkeit, glücklicherweise verdecken seit ein paar Jahren Bäume die glatten Beton- oder Glasplatten – zumindest im Sommer.

Mit dem Abriss alter Bausubstanz war man in den Siebzigerjahren schnell zur Hand, was als unmodern galt, sollte verschwinden. Man verfiel in einen regelrechten Abrisswahn: Der ehemalige »Kaiser-Pavillon«, das »Tusculum« (nach Kriegsschäden) und das »Strandschloss« waren schon um 1966 abgerissen worden, zehn Jahre später folgten das Kaiser-Alexander-Heim in der Wittestraße, die Jacobsen-Villa, die Häuser, die dem Tegel-Center weichen mussten, und das »Kurhaus« im Schlossbezirk; immerhin entstand hier von 1978 bis 1984 der 5,6 Hektar große Freizeitpark an der Malche. Und immer noch erhielten Hausbesitzer öffentliche Subventionen, wenn sie den Fassadenschmuck aus der Gründerzeit abschlagen ließen. Rettung historischer Bausubstanz und Denkmalschutz mussten erst mühsam erkämpft werden.

Die Rettung des Tegeler Sees

Von 1928 bis 1938 dauerte der Bau des Nordgrabens, der Überschwemmungen an der Panke, wie die von 1902, 1919 und 1926/27, verhindern und die Abwässer der Rieselfelder im Norden in den Tegeler See ableiten sollte. Auch nach dem Mauerbau nahm Ost-Berlin weiter Abwässer aus West-Berlin ab und entsorgte sie auf den Rieselfeldern. Zunächst prächtig gedeihendes Gemüse wies später nur noch kümmerliches Wachstum auf. Langsam erkannte man die Belastung der Böden durch Nährstoffe und Schwermetalle auf den Rieselfeldern. In der DDR wurden nun einzelne Rieselfelder stillgelegt, die restlichen aber stärker genutzt.

Mitte der Siebzigerjahre schreckten die Kommunalpolitiker in Reinickendorf auf. Bis zu 75 Tonnen Schlamm führte der Nordgraben nun täglich mit sich: die außerordentlich nährstoffreichen Abwässer vom Blankenfelder Rieselfeld. Dieser Zufluss von belastetem Wasser führte zu einem »Umkippen« des Tegeler Sees in ein totes Gewässer, es gab buchstäblich keine Wasserpflanzen mehr im See. Der Dreck, den

Berlin-West exportierte (und den die DDR gegen Devisen gern an-nahm), kam über den Nordgraben zurück. So war es nur logisch, dass Berlin-West den Aufbau des Klärwerks Schönerlinde nördlich von Berlin finanziell unterstützte, um die Rieselfelder in der Nähe von Blankenfelde ebenfalls überflüssig zu machen und die Wasserqualität von Panke, Nordgraben und Tegeler Fließ zu verbessern. 1985 ging zwischen Schlossstraße und Waidmannsluster Damm eine 210-Millionen Mark teure Phosphat-Eliminations-Anlage in Betrieb, die als »Oberflächen-wasserreinigungs-Anlage« (OWA Tegel) geführt wird und die neben dem Wasser des Nordgrabens und des Tegeler Fließes auch Wasser aus der Oberhavel reinigt. Auf diese Weise und durch zusätzliche Sauerstoffanreicherung wurde der Tegeler See gerettet.

Die OWA Tegel – obwohl vom renommierten Architekten Gustav Peichl entworfen und als »Flaggschiff der Industriearchitektur« gepriesen – fristet heute ihr raumgreifendes Dasein im Bereich zwischen Humboldt-Bibliothek und den Bahnanlagen; selbst Einheimische beachten sie kaum.

Einzug der Postmoderne – die IBA 1987

Glücklicherweise verwarfen die Bezirksverordneten in den Siebzigern eine kompakte Wohnbebauung des ehemaligen Hafengeländes. Mit der Internationalen Bauausstellung 1987 ergab sich die Chance, diesen Stadtraum durchdacht neu und ansprechend zu gestalten. Bereits die Senatsvorlage von 1978 für die IBA hatte für den Bereich des Tegeler Hafens Unterhaltungs-, Sport- und Freizeitangebote vorgesehen, darunter ein Meerwasserwellenbad. Architekten aus aller Welt entwarfen Wohngebäude von der Stadtvilla bis zur Wohnschlange. Die neuen Elemente des Hafenbeckens sind: eine künstliche Insel, ein bepflasterter und mit kleinen Bäumen bepflanzter Übergangsbereich, der aus der »Stadt« zum See hinunterführt, und die auf einer kleinen Anhöhe errichtete Humboldt-Bibliothek. Diese IBA-Bebauung gilt als ein Musterbeispiel postmodernen Bauens von europäischem Rang.[108]

Mit 130.000 Medien ist die Humboldt-Bibliothek die größte der Stadtbibliothek Reinickendorf und ihr Zentrum.

Der Architekt Charles Moore hatte neben der Humboldt-Bibliothek am Ufer und auf der neuen Insel viele schöne Dinge geplant: Freilicht-

Humboldt-Bibliothek, Innenansicht

bühne, Volkshochschule, Musikschule, Galerie, Kindertagesstätte, Schwimmbad – kurz, ein ganzes Kultur- und Freizeitzentrum. Damit wäre Tegel wenigstens teilweise zum Zentrum Reinickendorfs geworden.

Der Mauerfall kam dazwischen – die Gelder wurden im Osten dringender benötigt. Inzwischen sind Insel und Ufer mit Eigentumswohnungen bebaut worden und statt eines flacheren Kulturgebäudes versperrt jetzt der große Block eines Seniorenheims größtenteils den Blick auf die Humboldt-Bibliothek. Gleichwohl ziert nun eine Piazzetta den Eingangsbereich zur Bibliothek und das Denkmal der beiden Humboldt-Brüder hat hier einen würdigen Standort gefunden.

1987 erhielt Tegel einen Autobahnanschluss (damals A 11, jetzt A 111) an den innerstädtischen Ring (A 10) und an die Transitstrecke nach Hamburg (jetzt A 24). Leicht hätte der Ortskern Tegel unter der Schneise einer Autobahn leiden können; glücklicherweise verschwindet die Autobahn in diesem Bereich in einem Tunnel.

Skizze von Siegfried Kühl »Rentner-Paradies Tegel«, Oktober 2014

»Der archaische Erzengel«

Siegfried Kühl (1929–2015) wirkte vierzig Jahre in Tegel auf der Schulfarm Scharfenberg, hauptberuflich als Lehrer, in der Freizeit als Künstler.

Eine monumentale Skulptur von ihm steht seit 1990 in Tegel: »Der archaische Erz-Engel vom Heiligensee – Hommage à Hannah Höch«. Der Erzengel blickt von der Halbinsel Seglerkopf im ehemaligen Schlossbezirk direkt auf den Großen Malchsee. Auch die Dadaistin Hannah Höch hielt sich nie an vorgegebene Formen, Stile und Ausdrucksmittel, sie gilt als Miterfinderin der Collage. Wer war besser geeignet, eine Hommage an Hannah Höch zu schaffen, als ihr Freund Siegfried Kühl? Er arbeitet mit Abfall, mit Fundstücken, mit Strandgut, mit Schrott – egal, ob Holz, Eisen oder Textilien. In seinen Werken findet man gepresste Getränkedosen, platte Dachrinnen, Schaufeln, Pralinenpapier, Arbeitshandschuhe en masse und Wildtierunterkiefer. Und so hat er den »Erz-Engel« geformt: die Flügel aus den beiden Teilen eines gestrandeten, hölzernen Schiffsrumpfs, den

Kopf aus einer massiven Metallscheibe, den Körper aus Bronze gegossen. Eine Collage für die Collagekünstlerin. Siegfried Kühl schenkte die Skulptur dem Bezirk, in dem Hannah Höch neununddreißig Jahre gelebt hatte, von 1933–45 als verfemte und mit Ausstellungsverbot belegte Künstlerin. Aber der Bezirk lehnte es 1989 ab, für den Sockel der Skulptur zu sorgen, auch ihn musste der Künstler aus eigener Tasche bezahlen.

Kaum bekannt sind kleine Bilder von Siegfried Kühl aus seinem Skizzenbuch, ohne das er nicht auf die Straße oder in den Wald geht. Wenn er im »Café Kult« oder am Brunnen in der Fußgängerzone Vorübergehende skizziert, spart er im Gegensatz zu Heinrich Zille nicht mit bissigen Kommentaren: »Die Dicken und Fetten werden in Tegel täglich auffälliger, und die Rollatoren rollen und rollen!«

Borsigs zweiter Fall

Mit der Krise von 1966/67 zogen erneut dunkle Wolken über der wieder kräftig gewachsenen Firma Borsig auf, die 1960 rund 6.000 Beschäftigte hatte. Der Bund wollte Borsig privatisieren. Man begann 1968 mit dem Verkauf des Rohr- und Walzwerks an Thyssen, 1970 folgte die Übernahme der inzwischen wieder als GmbH firmierenden Firma durch den Konzern Babcock. Zunehmend finanzierte in den nächsten Jahren die gesunde Tochter (Borsig) die Mutter (Babcock) und litt selbst unter Einschnitten. 1987 wurde zu einem Schicksalsjahr für die Babcock-Borsig-Mitarbeiter: Borsig musste den Kesselbau und die Kugelhahnproduktion aufgegeben. Die Firma verließ auch ihr traditionsreiches Verwaltungsgebäude in der Berliner Straße 25–26 b und zog in die Egellsstraße 21 um. Zwei Drittel des Werksgeländes wurden an den Senat verkauft.

Nach dem Mauerfall – Borsig beschäftigte damals 1.900 Mitarbeiter, nun innerhalb der Deutschen Babcock-Borsig AG – setzten die Babcock-Manager auf Expansion – und überhoben sich. 1996 musste die AG die Borsig-Produktion von Turboverdichtern an MAN verkaufen. Der Restfirma in Tegel verblieben lediglich der Apparatebau und der Industrieservice – was man Konzentration auf das Kerngeschäft nennt, oder auch Gesundschrumpfung. Manchmal kann die Schrumpfung aber auch einer Amputation nahekommen.

Zwar sah es 1999 und 2000 nach einer erneuten Ausweitung der Geschäfte aus, doch 2002 kam das endgültige Aus: Die Fertigung wurde nach Spanien verlagert, die Borsig GmbH war wieder einmal pleite, wie auch die Konzernmutter. Nur 263 Beschäftigte übernahm die Auffanggesellschaft, die neue Borsig GmbH. Erst dann ging es wieder aus dem Tal heraus. Der seit 2006 neue Eigentümer, die malaysische KNM Group Berhad, scheint tatsächlich ein Interesse an der Weiterentwicklung des Unternehmens zu haben und nicht nur an der Verwertung des Grundstücks.[109]

Eine im Ergebnis ähnliche Entwicklung erlebte die Herlitz AG in den letzten Jahren: rasante Expansion nach dem Mauerfall mit gewagten Übernahmen und hohen Verlusten – dramatische Umsatzeinbußen zwischen 1997 und 2003. 1988 hatte die Herlitz AG, eines der wenigen erfolgreichen West-Berliner Unternehmen, begonnen, ihr Produktions- und Verwaltungszentrum auf dem ehemaligen Borsig-Gelände zu erbauen. 1990/91 erfolgte der Umzug. Doch nach dem Mauerfall lockten bald billigere Grundstücke und Arbeitskräfte im Berliner Umland. Kaum in Tegel angekommen, legte Herlitz in Falkensee den Grundstein für ein neues Produktionszentrum. Aber die Firma musste 2002 Insolvenz anmelden und wurde nach mehreren Anläufen der Sanierung 2009 an Pelikan verkauft. Die Firmenzentrale verließ 2013 ihren Stammsitz in Tegel. 2015 beginnt die Demontage des hohen, klotzigen Fertigungsgebäudes.

Tegel erlebte nach dem Mauerbau eine schleichende Deindustrialisierung, wie andere Ortsteile im Bezirk auch. Parallel dazu änderten sich auch die kommunalen politischen Verhältnisse. Bei den Wahlen zu den Bezirksverordnetenversammlungen 1981 errang die CDU erstmals nach dem Krieg in Reinickendorf die Mehrheit. Welch ein gewaltiger Mentalitätswandel hinter diesem Vorgang stand, erkennt man erst, wenn man dieses Ereignis mit den Wählerstimmen vom 12. März 1933 (Bezirksverordnetenwahl) vergleicht. Damals erzielten die beiden Arbeiterparteien SPD und KPD in Reinickendorf trotz staatlichen Terrors mehr Stimmen als die NSDAP.[110] Von 1990 bis 1995 stellte die SPD mit Detlef Dzembritzki noch einmal den Bürgermeister – es blieb eine Episode, Reinickendorf gehörte nun zu den schwarzen Bezirken, nach 2000 mit Spandau und Zehlendorf zum schwarzen Rand des alten Berlin-West. 2011 erreichte die SPD in Reinickendorf nur noch 27,5 Prozent.

Nach dem Sozialatlas 2013 gehört Reinickendorf zu den drei Bezirken mit den meisten Rentnern in Berlin – und zu den Bezirken mit dem niedrigsten Zuzug an jungen Menschen. Dabei liegen die Mieten noch unter dem Berliner Durchschnitt.

Top Tegel und Borsighallen

Schon frühzeitig hatte die Bezirksregierung den Trend zur Deindustrialisierung wahrgenommen und Dienstleistungen als neuen Schwerpunkt für Tegel gesetzt. So wurde von 1979 bis 1993 ein ganzer Komplex von vierzehn Bürogebäuden unter der Marke Top Tegel zwischen Berliner Straße und Wittestraße errichtet.

Und was mit dem weitgehend brachliegenden ehemaligen Borsig-Gelände anfangen? Eine große Herausforderung in einer Zeit, als die verbliebenen Gewerbebetriebe sich in den Neunzigerjahren wegen günstigerer Mieten und Löhne ins Umland absetzten und sich hochfliegende Pläne nach dem Mauerfall in Luft auflösten. Die Herlitz Falkenhöh AG (1990–99) entwickelte nach einem komplexen Planungsprozess einen großen Teil des Borsig-Geländes. Als Zauberwort erwies sich die »Mischnutzung« – man wusste nicht genau, in welche Richtung die Entwicklung gehen würde und nahm von allem etwas: Einkaufszentrum, Wohnungen, Industriebetriebe, Gründerpark, Technologiezentrum, Hotel, Büros, Gesundheitszentrum, Multiplex-Kino. 1996–99 konnten die wichtigsten Gebäude errichtet werden. Denkmalschützer waren mit der Integration historischer Bausubstanz zufrieden.

Im Unterschied zu manchen anderen Shopping-Malls sind die »Hallen am Borsigturm« mehr als geräumig, mit einem gewaltigen offenen Mittelteil – sind es wirklich nur zwei Stockwerke? Der Höhe nach könnten es vier sein. So bleibt die Erinnerung an eine riesige Fabrikhalle, in der einst die großen Kessel für Lokomotiven geschmiedet wurden.

Fließ, Forst und See

Vor dem Krieg war Tegel berühmt für das Borsigwerk, das Humboldt-Schloss und die Strandpromenade. Für Naturfreunde hielt und hält Te-

*Einkaufszentrum Hallen
am Borsigturm*

gel darüber hinaus einen wohlklingenden Akkord bereit: Fließ, Forst
und See.

Der Tegeler Forst besticht vor allem durch seine Abwechslung: Immer wieder durchziehen Anhöhen den Wald und über weite Strecken
ist auch der Baumbestand vielfältig. Auf neunundsechzig Meter Höhe
erhebt sich der Ehrenpfortenberg, vermutlich erhielt er seinen Namen
schon von den Kurfürsten, die hier zur Jagd ritten. Aber auch beim Aufstieg zum fünfundsechzig Meter hohen Apolloberg kommt die Jogge-
rin ins Schwitzen. Nur von den rund zweihundert Wildschweinen des
Tegeler Forsts darf man sich nicht in Angst und Schrecken versetzen
lassen. Es sind keine richtigen Wildschweine mehr, sie sind schon an
Menschen gewöhnt, halbe Siedlungsschweine. Das Forstamt verkauft
Wildfleisch in abgepackten Portionen. Ein richtiges Verwaltungszentrum ist dieses Forstamt an der Ruppiner Chaussee: Ihm unterstehen
sechs Revierförstereien mit insgesamt 6.000 Hektar Waldfläche.

Die Revierförsterei Tegelsee verfügt nicht nur über einen eigenen
Försterweg und einen Försterstrand, nein: sogar über einen Förster-
stein, auf dem Revierförster Mosch die Namen aller Förster seit der

Gründung des Reviers 1848 eingemeißelt hat. (Aber blicken Sie nicht auf die Rückseite des Steins und laben sich nicht an des Revierförsters täglicher Aufmunterung!)

Der Försterstrand ist keineswegs für den Förster und seine Familie reserviert und abgesperrt; er ist eine frei zugängliche, von einer Rettungsstation überwachte Badestelle und sehr beliebt, besonders bei Schülerinnen und Schülern. Sogar aus Tegel-Süd und aus dem Märkischen Viertel kommen im Sommer Abkühlung Suchende hierher. Familien mit Kindern sparen eine erkleckliche Summe, wenn sie das ansonsten schöne, in den letzten Jahren allerdings vernachlässigte Strandbad meiden. Der Försterstrand liegt günstig, weil sich keine Ausflugsdampfer in diese durch die Halbinsel Reiherwerder abgeschirmte Bucht verirren. Neben dem Försterstrand bietet auch der Arbeiterstrand (auch dies nur ein überlieferter, inoffizieller Name) südlich des Strandbades, an der Fähre nach Scharfenberg gelegen, freien Zutritt, allerdings ohne Rettungsstelle.

Die südlichen Inseln am Ausgang des Tegeler Sees in die Havel sollen künstlich entstanden sein. Im 12. Jahrhundert stauten die Spandauer zu Verteidigungszwecken das Havelwasser, trennten so die Inseln vom Festland und sorgten so für die Bildung von kleinen Flachmoorgebieten in der Gegend von Saatwinkel.

Nicht nur die Nordsee, auch Tegel kann mit einer Hallig aufwarten. Ein seit 1859 in den Tegeler See (bei der Bucht Kleine Malche) mündender Kanal (heute: Berlin-Spandauer-Schifffahrtskanal) wurde 1914 begradigt und direkt in die Havel geleitet. Durch die neue Führung des Kanals blieb eine Landzunge zwischen Kleiner Malche und Kanal stehen, die »Hallig«.

Die französische Besatzungsmacht hinterließ in Reinickendorf nicht nur die Wohnsiedlungen Cité Foch, Cité Guyemer, Cité Joffre und Cité Pasteur, sondern begeisterte sich schon 1945 so sehr für die traumhafte Landschaft des Tegeler Sees, dass sie am Schwarzen Weg einen Yacht-Club gründete, den Club Nautique Français de Tegel (heute privat).

Neben dem Tegeler See trägt ein weiteres Gewässer den Ort im Namen: das Tegeler Fließ. Es ist ein beglückendes Landschaftsschutzgebiet, das in Berlin an vielfältiger, weitgehend naturbelassener Landschaft mit reichhaltiger Flora und Fauna wohl kaum übertroffen wird: Moore, Wiesen, Trockenhänge, Binnendünen, Erlen- und Grauweidenbrüche wechseln sich ab. Hier findet manche gefährdete Art ein

Rückzugsgebiet, so die gebänderte Prachtlibelle oder der Schmetterling Steinklee-Widderchen, man kann Eisvogel, Beutelmeise, Wachtelkönig und Neuntöter antreffen. Sogar der Biber ist vom Tegeler See her bis zum Hermsdorfer See vorgedrungen. Zu den hier vorkommenden gefährdeten Arten gehören bei den Wiesenpflanzen das Breitblättrige Knabenkraut, Fieberklee und Teufelsabbiss, auf trockenen Böden Silbergras, Kartäuser- und Grasnelke.

Nur ein kleiner Teil vom Fließ gehört zu Tegel. Gleichwohl war dieses Gewässer für den Ort bedeutsam: Es bildete die Grenze zwischen Dorf und Gut. Das Wasser trieb (bis 1848) eine Mühle an. Für einen gleichmäßigen Zufluss stauten die Mühlenbetreiber das Fließ, was zu einer Teich- und Seenbildung führte, so zum Hermsdorfer See. Der heutige Charakter des Fließtales ist also stark durch menschliche Eingriffe geprägt.

Nach einer Engstelle am Titusweg erfreut eine großartige Auenlandschaft mit Erlen, Pappeln und Weiden das Auge. Neun Wasserbüffel (ein Bulle mit Kühen und Jungtieren) mähen im Sommer kostengünstig, ohne sich an nassen Füßen zu stören. Wildschweine dürfen das eingezäunte Gebiet durch getarnte Ausgänge verlassen. Im weiteren Lauf verengt und erweitert sich das Fließ abwechselnd, bis es sich als Bach bei Lübars durch eine Wiesenlandschaft schlängelt. Der Wanderweg von Tegel nach Lübars am Fließ entlang bietet zu jeder Jahreszeit einen Kurzurlaub in der eigenen Stadt.

Und noch ein Gewässer gilt es hervorzuheben: den Flughafensee, der seine Existenz nicht dem Flughafen verdankt, sondern dem langjährigen Abbau von Kies bis 1978. Er ist fast 31 Hektar groß und mit 34 Metern Berlins tiefster See; seine Randzonen sind heute als Vogelschutzgebiete abgesperrt oder dienen als übernutzte Badestellen für die Bewohner der umliegenden Gegenden, von Tegel-Süd über die ehemalige Franzosensiedlung Cité Guynemer bis Reinickendorf-West.

Zukunft auf dem Flugplatz?

Wenn eines Tages der Flughafen schließt und auf dem dortigen Gelände 5.000 Wohnungen gebaut werden – wird das einen neuen Schub für Tegels Entwicklung bringen? Dafür liegen diese Wohnungen zu weit entfernt vom Tegeler Zentrum.

Tegel beherbergt inzwischen drei große Seniorenanlagen und ein Reha-Zentrum. Sieht so Zukunft aus? Immerhin, wenn an den beiden Gymnasien in Neu-Tegel eine Schulstunde beendet ist, belebt sich das Zentrum. Dabei ist Tegel sogar zweifacher Hochschulstandort: Die Beuth-Hochschule verfügt im Büropark Top Tegel über 35 Hörsäle, und 2012 eröffnete die private »German University in Cairo« einen Ableger auf dem Borsig-Gelände. Aber auch die Studenten sind eher City- als Tegel-orientiert. Selbst die langjährige ehemalige Bürgermeisterin Reinickendorfs, Marlies Wanjura, warnt: »In Tegel wohnen Gutsituierte. Aber wenn die sterben? Was tut man, um junge Familien hier zu halten?«[111]

Niemals hält Tegel einem Vergleich mit der Lebendigkeit Kreuzbergs oder Neuköllns stand. Die meisten Einwohner Tegels sind froh, von den Problemen der hippen Bezirke verschont zu bleiben. Man schaut auf die »sozialen Brennpunkte« herab und hat gleichzeitig Angst, dass sie auch Tegel erreichen könnten. Mehr Attraktivität für Jüngere, Kreative, Auswärtige würde Leben in den Bezirk bringen. Leider wirkt sich insgesamt die Zersplitterung Reinickendorfs negativ aus: elf Ortsteile, die kaum etwas verbindet – Reinickendorf fehlt ein Zentrum, vor allem ein kulturelles! Das Hafenfest im Sommer mit Frank Zander stürmen die Tegeler. Der Weihnachtsmarkt ist auf Rummelbudenniveau heruntergekommen, das Sechserbrückenfest mit der Selbstdarstellung sämtlicher Vereine und ehrenamtlichen Organisationen wurde aufgrund von Querelen eingestellt.

Und sonst? Tegel verfügt über ein Kunstzentrum mit vielen Ateliers und über zwei Museen: das Humboldt-Museum im Schloss und das einzige Feuerwehr-Museum Berlins. In Tegel findet das älteste Erntefest Deutschlands statt, das Sommerfest der »Freien Scholle«. Und die Krimi-Nacht, in der alljährlich der Krimi-Fuchs verliehen wird. Und eine schöne Reihe »Lesezeichen« mit namhaften Autoren in der Humboldt-Bibliothek.

Bei schönem Wetter füllen sich die beiden Fußgängerzonen: werktags vor allem die Gorkistraße, nach Ladenschluss Alt-Tegel. Die Stühle vor den Cafés und Gaststätten sind dann bis auf den letzten Platz besetzt, ebenso die Ausflugsschiffe wie »Moby Dick« und »Havel-Queen«. Straßenmusiker untermalen die Atmosphäre mit American Folk über Violin-Soli bis hin zu Barock-Musik. Romantische Gaslaternen erleuchten abends die Fußgängerzone Alt-Tegel. Seit 2010 verfügt Tegel

Greenwichpromenade

auch über einen Flusskreuzfahrtanleger an der vielbesuchten Green-wich-Promenade.

Und man kann nun auf einer Flusskreuzfahrt in kleinen Schiffen geruhsam von Tegel bis Stettin schippern. In Svens »Hafenbar«, einem Rockkeller unterhalb der »Seeterrassen«, direkt an der Green-wichpromenade, tritt nicht nur Ulli Zelle mit seinen »Grauen Zellen« auf. Eine andere Fangemeinde traf sich bei Achim im »Kulturversteck«, um von Folk bis Elektropop querbeet alles zu genießen, vor allem Jazz – bis die Behörde sein Versteck entdeckte. Sehr apart auch »Galerie und Club Hofgarten« in der Veitstraße 28. Aber über Humboldt-Bibliothek, »Hofgarten« und »Hafenbar« hinaus? Der »Meister-saal« im Borsigturm wendet sich an ein zahlungskräftiges Publikum. Gern würde so mancher Bürger mehr Kultur in Tegel genießen und hinterher vielleicht einen abendlichen Spaziergang am See, an unse-rer Côte d'Azur, unternehmen. Andererseits: Wenn das Tegeler Pub-likum seinen Künstlern lächerliche drei Euro für einen Auftritt in den Spendentopf wirft, dann muss nicht nur der »Teufelsgeiger« Thomas Espanner abwandern.

Was ist aus dem angestrebten »Sekundärzentrum« des Nordens geworden? Ja, die Hallen am Borsigturm sind attraktiv – mit 115 Händlern und einer Verkaufsfläche von 22.000 Quadratmetern, einem Multiplex-Kino, einer Bowlingbahn, einem Fitnessstudio und ausreichend Platz zum Flanieren. Die befürchtete Pleitewelle für die Geschäfte der Fußgängerzone Gorkistraße und das Tegel-Center blieb aus. Allerdings: Das Ende des Tegeler Hertie-Kaufhauses 2009 reduzierte die Laufkundschaft in der Gorkistraße von 45.000 Menschen auf 30.000.

Bei dem in Tegel in den letzten Jahren neu entstandenen Wohnraum handelt es sich überwiegend um hochpreisige Eigentumswohnungen. Doch auch Tegel benötigt bezahlbare Wohnungen, damit nicht ins Märkische Viertel abwandern muss, wer höhere Mieten nicht bezahlen kann. Erst jetzt lernen viele den sozialen Wohnungsbau der Weimarer Republik und der Nachkriegsjahre wieder schätzen.

Und auf das von den IBA-Planern entworfene Freizeit- und Kulturzentrum warten die Tegeler auch dreißig Jahre später immer noch.

Tegel-Kaviar!

Zum Schluss noch ein echter Leckerbissen. Das Original-Rezept des Tegel-Kaviars soll von Emil Jacobsen stammen, so jedenfalls überliefert es Heinrich Seidel in seinem Buch *Leberecht Hühnchen*: »... ich dachte: ein Genie geniert sich nie und das Talent weiß sich stets zu helfen, und in einem glücklichen Augenblick erfand ich den Tegelkaviar. – Sie nehmen, verehrte Frau, auf zwölf Ölsardinen feinster Marke vier Sardellen, zerhacken alles sehr fein, mischen es mit etwas Sardinenöl und einigen Kapern und der Tegelkaviar ist fertig. Sie sehen, einfach, wie alle wirklich großen Erfindungen.«[112]

Mir ist der Tegel-Kaviar nach dieser Rezeptur etwas zu salzig. Deshalb füge ich ein wenig Zitronensaft hinzu, vor allem aber Joghurt, um das Salz der Sardellen zu binden. Und wer kein Sardinenöl zur Hand hat oder dem Öl aus der Sardellenbüchse nicht traut, kann getrost zu Olivenöl greifen. Auch geht es heute mit dem Mixer schneller als per Hand gehackt. Solcherart verfeinert traf mein Rezept beim Tegeler Geschichts-Sonntag auf begeisterte Zustimmung.

ANHANG

Anmerkungen

1 Zit. nach: Knippschild, E./Müller, C./Wahberg, J.: Hafenflair ohne Lastkähne, Garten und Landschaft 10/1992, S. 26–29, hier: S. 26, Ordner Tegel/Borsigwalde B, Nr. 76, Museum Reinickendorf, Archiv, im Folgenden abgekürzt: MRA.

2 Wietholz, August: Geschichte des Dorfes und Schlosses Tegel – in drei Teilen: I. Teil: Geschichte, II. Teil: Urkunden, III. Teil: Abbildungen und Karten, Berlin 1922.

3 Ebd., S. 199.

4 Blume, Wilhelm: Um Humboldtschloss und Borsigwerk – Eine Tegeler Geschichte und Landschaftskunde, in: Pauls, Walter/Tessendorff, Wilhelm (Hg.): Der Marsch in die Heimat – Ein Heimatbuch des Bezirks Berlin-Reinickendorf, Frankfurt am Main 1937, S. 403–467, hier: S. 410.

5 Wietholz, Geschichte des Dorfes und Schlosses Tegel, S. 127.

6 Ebd., Urkunde 15, Urkundenteil S. 15.

7 Ebd., S. 153 ff., sowie Urkunde 32, Urkundenteil S. 28 ff.

8 Zit. nach: ebd., S. 168 f.

9 Büsching, Anton Friedrich: Beschreibung seiner Reise von Berlin nach Kyritz in der Prignitz, welche er vom 26sten September bis zum 2ten October 1779 verrichtet hat, Leipzig 1780, Kopie, S. 15, Bez Rei IX 9, MRA.

10 Vgl. dazu ebd., S. 17 ff.

11 Ebd., S. 27 f.

12 Ebd., S. 29.

13 Zit. nach: Biermann, Kurt R./Schwarz, Ingo: »Moralische Sandwüste und blühende Kartoffelfelder« – Humboldt – Ein Weltbürger in Berlin, in: Alexander von Humboldt – Netzwerke des Wissens (Katalog der gleichnamigen Ausstellung), 1999 o. O. [Berlin], S. 183–201, hier: S. 184.

14 Mit Dr. Heim in Tegel und Umgebung, o. V., o. O., o. J. [ca. 1840], Ordner Tegel-Borsigwalde A, Nr. 35, MRA.

15 Wietholz, Geschichte des Dorfes und Schlosses Tegel, S. 353 f.

16 Ebd., S. 51.

17 Einfalt und Natur – Gedichte von Friedrich Wilhelm August Schmidt, hrsg. und mit einem Nachwort von Günter de Bruyn, Berlin [DDR] 1981, Reihe: de Bruyn, Günter/Wolf, Gerhard (Hg.): Märkischer Dichtergarten, S. 64.

18 Goethe, Johann Wolfgang von: Musen und Grazien in der Mark, zit. nach: ebd., S. 195 f.

19 Goethe: Maximen und Reflexionen aus dem Nachlass, zit. nach: ebd., S. 214.

20 Über das nächtliche Gepolter in Tegel (1 1/2 Meile von Berlin), Autor: [Anonym], S. 161–178, Berlinische Monatschrift. 1783–1811, hier: Berlinische Blätter 2, 1797, aus: http://www.ub.uni-bielefeld.de/diglib/aufkl/berlmon/berlmon.htm, abgerufen am 18.8.14.

21 Nicolai auf Werthers Grab, um 1775, zit. nach: Nicolai, Christoph Friedrich: Vertraute Briefe – von Adelheid B. an ihre Freundin Julie – Ein Roman/Freuden des

jungen Werthers – Eine Parodie, Hg.: de Bruyn, Günter, Berlin (DDR) 1982, Reihe: de Bruyn, Günter/Wolf, Gerhard (Hg.): Märkischer Dichtergarten, S. 215 – hier unter dem Titel: Freuden des jungen Werthers.

22 Goethe, Johann Wolfgang von: Faust I, (Walpurgisnachtszene), Goethes Werke in zwei Bänden, Stuttgart/Hamburg (Deutscher Bücherbund), o. J., 7., neubearbeitete und erweiterte Aufl., Bd. II, S. 854.

23 Wietholz, Geschichte des Dorfes und Schlosses Tegel., Urkunde 48, Urkundenteil S. 51.

24 Ebd., Urkunde 50, Urkundenteil S. 56

25 Ebd.

26 Ebd.

27 Von Heinz, Christine und Ulrich: Wilhelm von Humboldt in Tegel – Ein Bildprogramm als Bildungsprogramm, München/Berlin 2001, S. 21.

28 Ebd., S. 72 f.

29 Fontane, Theodor: Wanderungen durch die Mark Brandenburg, vollständige Ausgabe in fünf Bänden, Band Havelland, München 1994, S. 164.

30 Ebd., S. 165

31 Dem Leben auf der Spur – Kindheit und Jugend der Brüder von Humboldt, Hg.: Bezirksamt Reinickendorf von Berlin, Abt. Schule, Bildung und Kultur, Kunstamt – Heimatmuseum, Begleitheft zur gleichnamigen Ausstellung, [Berlin] 2010, S. 10.

32 Zit. nach: Neue Berliner Monatsschrift für Philosophie, Geschichte, Literatur und Kunst, Erster Band, Berlin 1821, o. Verf., S. 176.

33 Keller, Gottfried: Gesammelte Werke I, Zürich 1960, S. 296 f.

34 Hengsbach, Arne: Saatwinkel – Entwicklung einer Erholungslandschaft, in: Verein für die Geschichte Berlins e.V. (Hg.): Der Bär von Berlin, Jg. 1986, online unter http://www.diegeschichteberlins.de/geschichteberlins/berlin-abc/stichworteot/691-saatwinkel-entwicklung-einer-erholungslandschaft.html, abgerufen: 09.06.15.

35 Pietsch, Ludwig: Wie ich Schriftsteller geworden bin – Der wunderliche Roman meines Lebens, Hg.: Goldammer, Peter, Berlin 2000, S. 78 f.

36 Ebd.

37 Ebd.

38 Hengsbach, Saatwinkel – Entwicklung einer Erholungslandschaft.

39 Pietsch, Wie ich Schriftsteller geworden bin, S. 226.

40 Zit. nach: Hengsbach, Saatwinkel – Entwicklung einer Erholungslandschaft.

41 Ebd.

42 Ebd.

43 Zit. nach: Tegel – Beiträge zur Großstadtwerdung eines Dorfes, Ortsgeschichtlicher Arbeitskreis Tegel im Förderkreis für Kultur und Bildung in Reinickendorf e.V., o. O., (1. Auflage 1987), 5., überarb. Auflage, 1998, S. 24.

44 Wietholz, Geschichte des Dorfes und Schlosses Tegel, S. 219.

45 Karte der nordwestlichen Umgebung von Berlin, Nachdruck, Berlin 1875, neu herausgegeben vom Bezirksamt Reinickendorf von Berlin.

46 Feier zur Einweihung des Wasserwerks und der Klärstation zu Tegel am 16. December 1898, Ordner Tegel/Borsigwalde B, Nr. 112, MRA.

47 Zit. nach: Jacobsen, Emil: Zur Geschichte meines Tegeler Besitzthums, Bargfeld 2011, S. 85.

48 Vgl. Jacobsen: Der Reaktionär in der Westentasche oder Rhythmischer Gang der qualitativen chemischen Analyse (= Utile cum dulci. H. 1). Reprint der 7. Auflage, Breslau 1862, Bargfeld 1993, S. 9–11.

49 Stinde, Ludwig: Die Familie Buchholz – Aus dem Leben der Hauptstadt, Berlin 1885, online unter: http://gutenberg.spiegel.de/buch/die-familie-buchholz-aus-dem-leben-der-hauptstadt-3149/20, abgerufen: 27.01.15.

50 Tegeler Anzeiger vom 6.2.1908, zitiert nach: Bluhm, Manfred, Tegeler See und Oberhavel – Die Geschichte der lokalen Personenschifffahrt, Hg.: Tegelportal.de, Berlin 2015, S. 37

51 Deutscher Maschinenbau 1837–1937. Im Spiegel des Werkes Borsig, hrsg. von der Rheinmetall-Borsig Aktiengesellschaft, Berlin 1937, S. 33.

52 Reibe, Axel: Reinickendorf, Reihe: Geschichte der Berliner Verwaltungsbezirke, Hg.: Ribbe, Wolfgang – Band 4: Reinickendorf, Berlin 1988, S. 63.

53 Wietholz, Geschichte des Dorfes und Schlosses Tegel, S. 386.

54 Vgl. Reibe: Reinickendorf, S. 72.

55 Wietholz, Geschichte des Dorfes und Schlosses Tegel, S. 388.

56 Jacobsen: Zur Geschichte meines Tegeler Besitzthums, S. 12.

57 Wahlich, Ulrike: Die Borsig-Werke in Tegel – Berlin-Reinickendorf als Industriestandort, herausgegeben vom Bezirksamt Reinickendorf von Berlin – Abteilung Finanzen, Wirtschaft und Kultur – Kunstamt/Heimatmuseum, Berlin 1998, S. 39.

58 Wietholz, Geschichte des Dorfes und Schlosses Tegel, S. 218.

59 Ebd.

60 Scherff, Klaus: Luftbrücke Berlin – Die dramatische Geschichte der Versorgung aus der Luft Juni 1948–Oktober 1949, 2. Aufl., Stuttgart 1998, S. 107.

61 Deutscher Maschinenbau 1837–1937, S. 43 . Kalkstickstoff bildete ein Ausgangsprodukt zur Herstellung der Salpetersäure, die wiederum für Sprengstoffe benötigt wurde; Deutschland war durch die englische Seeblockade vom kriegswichtigen Chile-Salpeter abgeschnitten.

62 Wietholz, Geschichte des Dorfes und Schlosses Tegel, S. 237.

63 Ebd., S. 230.

64 Tegel – Beiträge zur Großstadtwerdung eines Dorfes, S. 35.

65 Reibe: Reinickendorf, S. 75.

66 Die Tage der Umwälzung in Tegel, Ausriss aus einer unbekannten Regionalzeitung (Kopie), wahrscheinlich vom 9.11.1928, Archiv M. Schröder.

67 Vgl. Dankesschreiben des Reichsverbandes an Ernst von Borsig: Deutsches Technik-Museum, Borsig-Archiv, Signatur: 3.5.16.

68 Leserbrief Ernst von Borsigs an das Berliner Tageblatt, 12. März 1927, zitiert nach: Henry Ashby Turner: Die Großunternehmer und der Aufstieg Hitlers, Berlin 1985, S. 70 f.

69 Wahlich, Die Borsig-Werke in Tegel, S. 112.

70 Ebd.

71 A Rep 226, Nr. 1789, Landesarchiv Berlin.

72 Wietholz, Geschichte des Dorfes und Schlosses Tegel, S. 279.

73 Koischwitz, Gerd: Sechs Dörfer in Sumpf und Sand – Geschichte des Bezirkes Reinickendorf von Berlin, Berlin 1983, S. 223.

74 Euhausen, Klaus: Der Kampf um Hennigsdorf. Materialien und Fakten zum Kapp-Putsch und zu den Ereignissen im März 1920 in Hennigsdorf und Umgebung, http://euhausen-klaus.de/Euhausen_Maerz_1920_Hennigsdorf.pdf, abgerufen: 17.11.14.

75 Berlin-Tegeler Anzeiger vom 27. März bzw. 2. April 1920, zit. nach: Euhausen, Klaus: Der Kampf um Hennigsdorf.

76 Vgl. Deutscher Maschinenbau 1837–1937.

77 Benjamin, Walter: Aufklärung für Kinder. Rundfunkvorträge, Hg.: Tiedemann, Rolf, Frankfurt am Main 1985, S. 55 f.

78 Wietholz, Geschichte des Dorfes und Schlosses Tegel, S. 234.

79 Ebd.

80 Sandvoß, Hans-Rainer: Widerstand in Pankow und Reinickendorf, Schriftenreihe über den Widerstand in Berlin von 1933 bis 1945, Heft 6, Hg.: Gedenkstätte Deutscher Widerstand, Berlin 1992, S. 153.

81 Berliner Lieder – Eine Sammlung von alten und neuen Melodien, für Klavier mit Gesang und Akkordbegleitung, [Riethmüller, Gerhard, Hg.], Mainz 1987, S. 125 ff. – Musik: https://www.youtube.com/watch?v=RP6-pvSIMDI

82 Wahlich, Die Borsig-Werke in Tegel, S. 72.

83 Ebd., S. 122 f.

84 Ebd., S. 75.

85 Raketenflug, Mitteilungsblatt des Raketenflugplatzes Berlin, Hg.: Nebel, Rudolf, Nr. 9, Mai 1934, Ordner Tegel-Borsigwalde, Dokument 53c, MRA.

86 Vgl. Nr. 53 a, b, c, d, Ordner Tegel/Borsigwalde B, kopierte Artikel – außer Nr. 53 d – ohne Quellenangabe, MRA.

87 So bei Pierson, Kurt: Borsig – Ein Name geht um die Welt, Die Geschichte des Hauses Borsig und seiner Lokomotiven, Berlin 1973.

88 Wahlich, Die Borsig-Werke in Tegel, S. 134 f.

89 Zit. nach: ebd., S. 133.

90 Ebd., S. 137.

91 Sandvoß: Widerstand in Pankow und Reinickendorf, S. 166

92 Ebd.

93 Sethmann, Jens: Unbekanntes Erbe, in: Mieter-Magazin 11/2006.

94 http://www.borsigwalde.eu/13.html, abgerufen: 16.02.15 – Borsigwalde – damals und heute/Bildergalerie1/Conradstraße1949.

95 Angaben zu Zwangsarbeitern in Reinickendorf aus: Ordner »Arbeitslager«, MRA.

96 Wahlich, Die Borsig-Werke in Tegel, S. 137.

97 Sandvoß, Widerstand in Pankow und Reinickendorf, S. 247.

98 Bonhoeffer, Dietrich: Bericht nach einem Jahr in Tegel, in: ders., Widerstand und Ergebung – Briefe und Aufzeichnungen aus der Haft, Hg.: Bethge, Eberhard, 3. Erweiterte Auflage, Berlin (DDR) 1972, S. 278–283, hier: S. 278.

99 Briefe an Eberhard Bethge vom 30.04.1944, in: Bonhoeffer, Widerstand und Ergebung , S. 303–308.

100 Sandvoß, Widerstand in Pankow und Reinickendorf, S. 233.

101 Hamann, Christoph: Widerstand gegen den Nationalsozialismus, in: Wahlich, Die Borsig-Werke in Tegel , S. 142.

102 Kaspar, Barbara/Schuster, Lothar/Watkinson, Christof: Arbeiten für den Krieg – Deutsche und Ausländer in der Rüstungsproduktion bei Rheinmetall-Borsig 1943–1945, Hamburg 1987, S. 72.

103 Kurier, 27.08.48, französisch lizenzierte Ausgabe.

104 Der Tag, 1.10.1948, britisch lizenzierte Ausgabe.

105 Vgl. *Führe, Dorothea*: An den Rand gedrängt – Frankreich als Besatzungsmacht in Berlin, http://www.luise-berlin.de/bms/bmstxt00/0012prok.htm#seite73, abgerufen: 10.03.15, sowie: Buffet, Cyril: Die Borsig-Affäre 1945–1950, in: Berlin in Geschichte und Gegenwart – Jahrbuch des Landesarchivs Berlin, Berlin 1991, S. 243–262.

106 Dose, Dieter: Im neuen Jahr ein neuer Start, in: Berliner Leben 2/1960, Ordner Tegel/Borsigwalde B, Nr. 97, MRA.

107 Vgl. Bericht Zeitzeugin, Ordner Tegel/Borsigwalde B, Nr. 98 u. 103, MRA.

108 Vgl. zu den Tegeler IBA-Bauten: Kleihues, Paul (Hg.): Internationale Bauausstellung 1984/87 – Die Neubaugebiete/Dokumente/Projekte, 5: Tegel – Seen und Wälder/Humboldt und Borsig/IBA vor den Toren der Stadt, Stuttgart 1989.

109 Borsig – Unternehmenschronik 1837–2010, www.borsig.de/uploads/tx_empageflip/BORSIG_Geschichte.pdf.

110 Reibe: Reinickendorf, S. 83.

111 Der Nord-Berliner, Nr.51 vom 18.12.2014.

112 Seidel, Heinrich: Leberecht Hühnchen, zit. nach: Jacobsen, Zur Geschichte meines Besitzthums in Tegel, S. 83 f.

Literatur

100 Jahre Justizvollzugsanstalt Tegel, Berlin 1998

1989–2014. 25 Jahre Humboldt-Bibliothek, Herausgeber: Bezirksamt Reinickendorf von Berlin, Berlin 2014

Ammann, Renate/von Neumann-Cosel, Barbara: Freie Scholle – Ein Name wird Programm – 100 Jahre Gemeinnützige Baugenossenschaft »Freie Scholle« zu Berlin eG, Berlin 1995

Bärthel, Hilmar: Die Geschichte der Gasversorgung in Berlin – Eine Chronik, Hg.: GASAG Berliner Gaswerke-Aktiengesellschaft, Berlin 1997

Benjamin, Walter: Aufklärung für Kinder. Rundfunkvorträge, Hg.: Tiedemann, Rolf, Frankfurt am Main 1985

Berliner Lieder – Eine Sammlung von alten und neuen Melodien, für Klavier mit Gesang und Akkordbegleitung, [Riethmüller, Gerhard, Hg.], Mainz 1987, S. 125 ff.

Biermann, Kurt-R. und Schwarz, Ingo: »Moralische Sandwüste und blühende Kartoffelfelder« – Humboldt – Ein Weltbürger in Berlin, in: Alexander von Humboldt – Netzwerke des Wissens (Katalog der gleichnamigen Ausstellung), o. O. 1999, S. 183–201

Bluhm, Manfred: Tegeler See und Oberhavel – Die Geschichte der lokalen Personenschifffahrt, Hg.: Tegelportal.de, Berlin 2015

Blume, Wilhelm: Um Humboldtschloss und Borsigwerk – Eine Tegeler Geschichte und Landschaftskunde, in: Pauls, Walter/Tessendorff, Wilhelm (Hg.): Der Marsch in die Heimat – Ein Heimatbuch des Bezirks Berlin-Reinickendorf, Frankfurt am Main 1937, S. 403–467

Bonhoeffer, Dietrich: Widerstand und Ergebung – Briefe und Aufzeichnungen aus der Haft, Hg.: Bethge, Martin, 3., erweiterte Auflage, Berlin (DDR) 1972

Bruyn, Günter de (Hg.): Einfalt und Natur – Gedichte von Friedrich Wilhelm August Schmidt, 1981 (= Reihe: Märkischer Dichtergarten, Berlin (DDR))

Buffet, Cyril: Die Borsig-Affäre 1945–1950 – Ein Beispiel der französischen Reparationspolitik, in: Berlin in Geschichte und Gegenwart – Jahrbuch des Landesarchivs Berlin, Berlin 1991, S. 243–262

Büsching, Anton Friedrich: Beschreibung seiner Reise von Berlin nach Kyritz in der Prignitz, welche er vom 26sten September – zum 2ten October 1779 verrichtet hat, Leipzig 1780, (Kopie), MRA, Bez Rei IX 9

Dem Leben auf der Spur – Kindheit und Jugend der Brüder von Humboldt, Hg.: Bezirksamt Reinickendorf von Berlin, Abt. Schule, Bildung und Kultur, Kunstamt – Heimatmuseum, Begleitheft zur gleichnamigen Ausstellung, [Berlin] 2010

Der Nord-Berliner, Nr. 51, 18.12.2014

Der Teufel an der Poststraße, o. Verf., aus: Neue Berliner Monatsschrift für Philosophie, Geschichte, Literatur und Kunst, Erster Band, Berlin 1821, S. 176, zitiert nach: www.books.google.de/books, abgerufen: 24.03.15

Deutscher Maschinenbau 1837–1937 – Im Spiegel des Werkes Borsig, hrsg. von der Rheinmetall-Borsig Aktiengesellschaft, Berlin 1937

Die Tage der Umwälzung in Tegel, o. V., Kopie eines Zeitungsausschnitts ohne Quellenangabe, vermutlich 9.11.1928, unbekannte Regionalzeitung, Archiv Schröder

Drechsler, Michael: Geschichtsarbeit im Stadtteil – »Borsig und Borsigwalde – Wir entdecken unsere Geschichte« – Ein Projekt des Museumspädagogischen Dienstes Berlin, Museumspädagogischer Dienst Berlin und Arbeitsgruppe Pädagogisches Museum, Berlin (West) 1986

Euhausen, Klaus: Der Kampf um Hennigsdorf – Materialien und Fakten zum Kapp-Putsch und zu den Ereignissen im März 1920 in Hennigsdorf und Umgebung – Ein zweiter Beitrag zur Regionalgeschichte, http://euhausen-klaus.de/Euhausen_Maerz_1920_Hennigsdorf.pdf, abgerufen: 08.01.15

Feier zur Einweihung des Wasserwerks und der Klärstation zu Tegel am 16. December 1898, Ordner Tegel/Borsigwalde B, Nr. 112, MRA

Fontane, Theodor: Wanderungen durch die Mark Brandenburg – Havelland, vollständige Ausgabe in fünf Bänden (Nymphenburger), München 1994

Friedhöfe in Berlin – Reinickendorf, Bd. 3, hrsg. vom Bezirksamt Reinickendorf von Berlin, Berlin 2009

Führe, Dorothea: An den Rand gedrängt – Frankreich als Besatzungsmacht in Berlin, Edition Luisenstadt, Berlinische Monatsschrift Heft 12/2000, http://www.luise-berlin.de/bms/bmstxt00/0012prok.htm#seite73, abgerufen: 10.03.2015

Gössel, Peter/Leuthäuser, Gabriele: Architektur des 20. Jahrhunderts, 2 Bände, Köln 2006

Haerendel, Ulrike: Wohnungspolitik im Nationalsozialismus, in: Zeitschrift für Sozialreform, Jg. 45, Heft 10/1999, S. 843–879

Hamann, Christoph: Learning by going – Stadterkundungen zum Widerstand 1933–1945 in Berlin-Reinickendorf, Hg.: Berliner Institut für Lehrerfort- und -weiterbildung und Schulentwicklung in Zusammenarbeit mit der Gedenkstätte Deutscher Widerstand, Berlin 1996

Heinz, Ulrich von: Campo santo der Familie Humboldt, in: Friedhöfe in Berlin – Reinickendorf, Bd. 3, S. 12–28

Heinz, Christine und Ulrich von: Wilhelm von Humboldt in Tegel – Ein Bildprogramm als Bildungsprogramm, München/Berlin 2001

Hengsbach, Arne: Saatwinkel – Entwicklung einer Erholungslandschaft, in: Bär von Berlin, Jahrbuch 1986 des Vereins für die Geschichte Berlins, zitiert nach: http://www.diegeschichteberlins.de/geschichteberlins/berlin-abc/stichworteot/691-saat-winkel-entwicklung-einer-erholungslandschaft.html, abgerufen: 09.06.15

Hengsbach, Arne: 100 Jahre Personenschiffahrt Spandau – Tegel, Berliner Verkehrsblätter 5/1975, S. 84–87

Jacobsen, Emil: Zur Geschichte meines Tegeler Besitzthums, Bargfeld 2011

Kalmbach, Karena: Der 9. November in Berlin, http://www.novemberrevolution.de/maintext.php?cap=9november, abgerufen: 09.02.15

Kaspar, Barbara/Schuster, Lothar/Watkinson, Christof: Arbeiten für den Krieg – Deutsche und Ausländer in der Rüstungsproduktion bei Rheinmetall-Borsig 1943–1945, Hamburg 1987

Keller, Gottfried: Gesammelte Werke I, Zürich 1960

Kleihues, Paul (Hg.): Internationale Bauausstellung 1984/87 – Die Neubaugebiete/Dokumente/Projekte, 5: Tegel – Seen und Wälder/Humboldt und Borsig/IBA vor den Toren der Stadt, Stuttgart 1989

Knippschild, E./Müller, C./Wahberg, J.: Hafenflair ohne Lastkähne, Garten und Landschaft 10/1992, S. 26–29 (Kopie), Ordner Tegel/Borsigwalde B, Nr. 76, MRA

Koischwitz, Gerd: Sechs Dörfer in Sumpf und Sand – Geschichte des Bezirkes Reinickendorf von Berlin, Berlin 1983

Kuhbier, Anke: Berlin Grün – Historische Gärten und Parks der Stadt, hrsg. vom Landesdenkmalamt Berlin, Hamburg 2000

Lindner, Helmut/Schmalfuß, Jörg: 150 Jahre Borsig – Berlin-Tegel, Berliner Beiträge zur Technikgeschichte und Industriekultur, Band 7, Schriftenreihe des Museums für Verkehr und Technik Berlin, Berlin 1987

Mit Dr. Heim in Tegel und Umgebung, o. V., o. J., [ca. 1840], o. O., Ordner Tegel/Borsigwalde A, Nr. 35, MRA

Müller, Henning/Gerner, Cornelia: Von Tätern, von Opfern und von unbesungenen Helden – Reinickendorf 1933 bis 1945, Vortragsreihe des Heimatmuseums Reinickendorf, Ordner Vortragsreihe »Reinickendorf 1933–1945«, 2000/2001, Bez Rei XI 25, MRA

Münnich, Gerd: Eine Bilderbuchfamilie – Erinnerungen an das Leben im und rund um das Wasserwerk Tegel, Computermanuskript, o. O. o. J. [nach 2000], Te VI 21, MRA

Nicolai, Christoph Friedrich: Vertraute Briefe von Adelheid B. an ihre Freundin Julie S. – ein Roman/Freuden des jungen Werthers – Eine Parodie, hrsg. und mit einem Nachwort von Günter de Bruyn, Reihe: Märkischer Dichtergarten, Berlin (DDR) 1982

Ökologisch-landschaftsplanerisches Gutachten Saatwinkel/Maienwerder/Valentinswerder (Kurzfassung), Te VIII 7a, MRA

P., G.: Der Gutspark Tegel, Berlin 1985, Reihe: StadtGrün – Berliner Topografien, herausgegeben vom Museumspädagogischen Dienst, MRA

Pauls, Walter/Tessendorf, Wilhelm: Der Marsch in die Heimat – Ein Heimatbuch des Bezirkes Reinickendorf, Frankfurt/M. 1937

Pierson, Kurt: Borsig – Ein Name geht um die Welt, Die Geschichte des Hauses Borsig und seiner Lokomotiven, Berlin 1973

Pietsch, Ludwig: Wie ich Schriftsteller geworden bin – Der wunderliche Roman meines Lebens, Hg.: Goldammer, Peter, Berlin 2000

Rach, Hans-Jürgen: Die Dörfer in Berlin – Ein Handbuch der ehemaligen Landgemeinden im Stadtgebiet von Berlin, Hg.: Akademie der Wissenschaften der DDR, Zentralinstitut für Geschichte – Wissenschaftsbereich Kulturgeschichte/Volkskunde, Berlin (DDR) 1988, 2. Auflage 1990

Reelfs, Hella: Denk- und Grabmale in den Landschaftsgärten Berlin-Brandenburgs, in: Plessen, Marie-Louise (Herausgeberin im Auftrag des Senators für Stadtentwicklung und Umweltschutz): Berlin durch die Blume oder Kraut und Rüben – Gartenkunst in Berlin-Brandenburg, Katalog zur Ausstellung im Rahmen der Bundesgartenschau Berlin 1985, S. 83–93

Reibe, Axel: Reinickendorf, Reihe: Geschichte der Berliner Verwaltungsbezirke, Hg.: Ribbe, Wolfgang – Band 4: Reinickendorf, Berlin 1988

Reibe, Axel: Rückblicke – Bilder aus Reinickendorf, Berlin 1987

Richter, Karl (Hg.): Erinnerungen Reinickendorfer Sozialdemokraten 1933–1945 – Jahre der Unmenschlichkeit, Berlin o. J., 3. Auflage

Sandvoß, Hans-Rainer: Widerstand in Pankow und Reinickendorf, Schriftenreihe über den Widerstand in Berlin von 1933 bis 1945, Heft 6, Herausgeber: Gedenkstätte Deutscher Widerstand, Berlin 1992

Scherff, Klaus: Luftbrücke Berlin – Die dramatische Geschichte der Versorgung aus der Luft Juni 1948-Oktober 1949, 2. Auflage, Stuttgart 1998

Schlickeiser, Klaus: Spaziergänge in Tegel, Reihe: Entdecken Sie Reinickendorf, Förderkreis für Bildung, Kultur und internationale Beziehungen Reinickendorf e. V. (Hg.), Berlin 2006

Schlickeiser, Klaus/Völzmann, Gerhard: Auf Schusters Rappen von Tegel nach Heiligensee, Hg.: Kunst und Kultur Tegel e. V., Berlin 2011

Schlickeiser, Klaus: Sommerbäder im Bezirk Reinickendorf, http://www.tegelonline.info/rund-um-tegel/geschichtliches/freibaeder.php, abgerufen: 05.01.15

Schmiedecke, Ralf: Reinickendorf – Berlins grüner Norden, Die Reihe Archivbilder, Erfurt 2003

Schützler, Heiko: 23. Oktober 1974: Tegel Süd wird eingeweiht, Edition Luisenstadt, Berlinische Monatsschrift Heft 6/2001, http://www.luise-berlin.de/bms/bmstxt01/0106novd.htm#seite133, abgerufen: 18.04.15

Sethmann, Jens: Unbekanntes Erbe – Der Wohnungsbau der Nazi-Zeit, in: Mieter-Magazin 11/2006, zitiert nach: http://www.berliner-mieterverein.de/magazin/online/mm1106/110614.htm, abgerufen: 25.01.15

Stinde, Julius: Die Familie Buchholz, zitiert nach: http://gutenberg.spiegel.de/buch/die-familie-buchholz-aus-dem-leben-der-hauptstadt-3149/20, abgerufen: 27.01.15

Straßen- und Parkbäume – Die Geschichte der Maulbeerbäume in Berlin, http://www.stadtentwicklung.berlin.de/umwelt/stadtgruen/stadtbaeume/de/maulbeeren/geschichte/index.shtml, abgerufen am 17.08.14

Strehl, Regina: Die Welt hinter Gittern – Meine Jahre als Knastärztin, München 2009

Tegel – Beiträge zur Großstadtwerdung eines Dorfes, Ortsgeschichtlicher Arbeitskreis Tegel im Förderkreis für Kultur und Bildung in Reinickendorf e. V., o. O., 5., überarbeitete Auflage, 1998

Tessendorf, Wilhelm: Die Wiedereindeutschung des Barnim in der Askanierzeit, in: http://www.mehrow.de/Presse_und_Literatur/Kalender_des_Kreises_NB/Askanierzeit.html, abgerufen: 24.11.14

Tessendorf, Wilhelm: Unsere Dörfer im Landbuch, in den Schoßregistern und anderen alten Nachrichten, maschinenschriftliches Manuskript, [ca. 1957], Bez Rei I 1, MRA

Vorsteher, Dieter: Eisengießerei und Maschinenbauanstalt zu Berlin, Berlin 1983

Wahlich, Ulrike: Die Borsig-Werke in Tegel – Berlin-Reinickendorf als Industriestandort, herausgegeben vom Bezirksamt Reinickendorf von Berlin – Abteilung Finanzen, Wirtschaft und Kultur – Kunstamt/Heimatmuseum, Berlin 1998

Weißpflug, Hainer: Die »Dicke Marie« – Eine Berliner Eiche – älter als die Stadt, http://www.luise-berlin.de/bms/bmstxt96/9605dete.htm, abgerufen: 11.02.15

Wendlandt, Wolf-Borwin/Koop, Volker (Hrsg.): Ein Stück Russland in Berlin – Die russisch-orthodoxe Gemeinde in Reinickendorf, Berlin 1994

Wernicke, Ingolf: Reinickendorf in historischen Postkarten, Berlin 1996

Wietholz, August: Geschichte des Dorfes und Schlosses Tegel – in drei Teilen: I. Teil: Geschichte, II. Teil: Urkunden, III. Teil: Abbildungen und Karten, Berlin-Tegel 1922 (auch Faksimile-Nachdruck durch den Förderkreis für Kultur und Bildung in Reinickendorf)

Zaremba, Michael: Reinickendorf im Wandel der Geschichte, Bezirks-Chronik, Berlin 1999

Zitty, 22/2014

Abbildungsnachweis

akg images: S. 44, 150
Archiv Meinhard Schröder: S. 17, 29, 41, 50, 64, 71, 84, 85, 95, 96, 108, 112, 118, 121, 133, 156, 161, 165
bpk: S. 80, 97, 141
Deutsches Technikmuseum, Berlin: S. 70, 101, 129
Landesarchiv Berlin: S. 143 (F Rep. 290 [06] Nr. 0095786), 145 (F Rep. 290 [02] Nr. 0001286 / Herbert Wyludda)
Museum Reinickendorf, Archiv: S. 27, 60, 83, 93, 147
August Wietholz, Geschichte des Dorfes und Schlosses Tegel: S. 15, 48

Der Autor dankt Siegfried Kühl für die freundliche Genehmigung zum Abdruck seiner Skizze »Rentner-Paradies Tegel« auf S. 157.

Alle übrigen Abbildungen entstammen dem Archiv des Verlages.

Sollten trotz sorgfältiger Nachforschungen nicht alle Rechteinhaber korrekt ermittelt worden sein, so bitten wir um Mitteilung an den Verlag.

DER AUTOR

Meinhard Schröder, M.A., geboren 1943 in Schwerin, studierte Theologie, Soziologie und Pädagogik und arbeitete zunächst als wissenschaftlicher Assistent an der Technischen Universität Berlin. Seit 1995 widmet Schröder sich dem Schreiben von Geschichten und Reiseerzählungen. In den letzten Jahren bietet er auch Stadtführungen an und hält Vorträge an der Volkshochschule. Zugleich organisiert er den jährlichen Tegeler Geschichts-Sonntag mit vielen Beiträgen zur Ortsgeschichte.